Otto Gritschneder · Anwaltsgeschichten

Otto Gritschneder

Anwaltsgeschichten

Verlag C. H. Beck München

CIP-Titelaufnahme der Deutschen Bibliothek

Gritschneder, Otto:
Anwaltsgeschichten / Otto Gritschneder. – München :
Beck, 1988
ISBN 3-406-33434-2

NE: Gritschneder, Otto: [Sammlung]

ISBN 3-406-33434-2

Satz und Druck: Appl, Wemding
Printed in Germany

Liebe Leserin, lieber Leser,

in dem dornenreichen Paragraphenwald des Anwaltsalltags blühen nur selten Blumen. Wenn aber inmitten der Rechthaberei einmal ein wenig Freude, menschliche Wärme oder gar Witz und Humor, sei es auch nur unfreiwillig, aufscheint, dann erinnert man sich an so einen „Fall" besonders gern.

Aus solchen Fällen werden dann Geschichten. Die Freunde, denen ich, einer bewährten Stammtischgewohnheit folgend, dann und wann einige erzählte, haben mich immer wieder gedrängt, das alles doch endlich einmal aufzuschreiben und einem größeren Kreis zugänglich zu machen. So habe ich mich ans Werk gemacht und meine Erinnerungen gern festgehalten. Es sind Geschichten „kleiner Leute", denn von meinen größeren Prozessen, in denen die hohen Herrschaften von Staat und Kirche oder bedeutende Wirtschaftsunternehmen die Hauptrolle spielen, kann und will ich hier nichts erzählen.

Hin und wieder werden Sie, verehrte Leserin und verehrter Leser, ein wenig ungläubig die Stirne runzeln und fragen: „Ist das wirklich alles wahr? Hat die Eigenart der Menschen, hat die Tücke des Objekts, hat der Zufall wirklich die Geschehnisse und ihre mehr oder weniger freiwillig Mitwirkenden so unwahrscheinlich verknotet?"

Ihre Skepsis ist verständlich. Aber glauben Sie mir: die Geschichten sind wahr, freilich nicht in ihren vordergründigen konkreten Nebensächlichkeiten (die Namen z.B. habe ich natürlich geändert), aber im Kern sind sie wahr. Das Leben selbst hat sie geschrieben, und dieses Leben hat bekanntlich mehr Phantasie als alle Dichter zusammen.

Otto Gritschneder

Inhalt

Das ist die gerechte Strafe

Zu den immer wiederkehrenden Themen bayerischer Kultur- und Innenpolitik gehört das Schlecht-Einschenken. Obwohl die Maß – für Nichtbayern sei angemerkt, daß sich dieses Wort mit einem hellen kurzen A und einem ß spricht, etwa so wie in „Gasse“ – obwohl so eine Maß offiziell gleich ein Liter ist, wird es niemandem gelingen, von einem gelernten bayerischen Schenkkellner wirklich 1000 Kubikzentimeter des edlen Nasses in seinen Krug gefüllt zu bekommen. „Unterschank“ nennt man das, aus der Sicht des Wirtes und des Schenkkellners heißt es „Überschank“.

Obwohl es einen eigenen „Verein gegen betrügerisches Einschenken“ gibt, und obwohl mit schöner Regelmäßigkeit immer wieder sozialkritische Zeitungsartikel erscheinen, die auf diesen „Mißstand“ hinweisen, die „normative Kraft des Faktischen“ setzt sich auch hier durch. Es hilft nichts. Sogar die Finanzämter kapitulieren und erheben von einem Hektoliter Faßbier die Steuer für 104 Liter. Von dem beim Oktoberfest ausgeschenkten Bier sind es sogar 108 Liter, die die Finanzer ihren Steuerbescheiden je Hektoliter zugrundelegen. Ein stillschweigendes augenzwinkerndes Einverständnis zwischen Staat und Wirtschaft, ein Unrechtsbewußtseinsausschließungsgrund, auf den hinzuweisen ein bayerischer Anwalt nicht verzichten wird, wenn er wieder einmal einen mit einer Strafanzeige „wegen Verdachts des betrügerischen Einschenkens“ belangten Wirt zu verteidigen hat.

Das Problem ist in aller Form auch in die bayerische Rechtsprechung eingegangen, und nicht nur Juristen, sondern auch Volkskundler und Literaten kennen die geradezu rührenden Sätze aus der Entscheidung des Bayerischen Obersten Landesgerichts vom 22. September 1900, in der die Richter einen solchen Fall anschaulich schildern:

„Der Bahnadjunkt P. und der Kellner K. besuchten am 29. September 1899 die Oktoberfestwiese in München. Sie beschlossen, je einen Liter Bier zu trinken, und begaben sich zu diesem Zwecke an die Wirtsbude Nr. 6. P. und K. bestellten bei dem Angeklagten, der in der Bude als Schenkkellner tätig war, je einen Liter Bier und erlegten sofort den Kaufpreis mit je 25 Pfennigen. Sie erwarteten selbstverständlich, hierfür je einen Liter Bier zu erhalten."

Und weiter:

„Der Angeklagte, der seinem Geschäftsherrn einen Vermögensvorteil, auf den dieser, wie er wußte, ein Recht nicht hatte, verschaffen wollte, füllte die zwei steinernen Literkrüge, die er zur Abgabe des Bieres an P. und K. benutzte, aus dem Bierfaß unter Anwendung besonderer Kunstgriffe derart, daß sie äußerlich als völlig und ordnungsgemäß gefüllte Gefäße sich darstellten, während sie in Wirklichkeit nur einen halben Liter Bier oder noch weniger enthielten. Der Angeklagte ging hierbei in der Weise zu Werke, daß er in Kenntnis und Ausnützung des Umstandes, daß das Bier stark trieb, aus der geringen Quantität Bier, die er in die Krüge laufen ließ, durch die Art des Einschenkens eine so große Menge Schaum zu entwickeln wußte, daß dieser bis zum Rande der Krüge reichte, und so der Anschein erweckt wurde, als seien die Krüge ordnungsgemäß gefüllt. Der Angeklagte rechnete darauf, daß P. und K. die Krüge als ordnungsgemäß gefüllt erachten, sie rasch austrinken und deren geringe Füllung um so weniger entdecken würden, als die Krüge undurchsichtig waren."

Mit geradezu mikroskopischer Genauigkeit schildern die Hohen Herren nun das Wesen und die Einzelheiten des Schlecht-Einschenkens, eine klassische Formulierung, die man in allen Hotelfachschulen auswendig lernen sollte:

„Der Angeklagte hat seiner vertragswidrigen Leistung den äußeren Anschein einer vertragsmäßigen gegeben und diesen Schein durch besondere, auf Verdeckung der Vertragswidrigkeit abzielende Veranstaltungen hervorgerufen, indem er geflissentlich zwecks Hervorrufung einer Täuschung die Undurchsichtigkeit der aus Steingut bestehenden Krüge, sowie den Umstand, daß das Bier stark trieb, benützte, auch beim Einschenken in die Krüge aus dem Fasse durch Anwendung besonderer Kunstgriffe eine größere Menge Schaum zur Verdeckung der schlechten Füllung entwickelte und hierdurch wissentlich und vorsätzlich die Krüge des P. und K. mit geringeren Mengen, als dem je zu liefernden Liter Bier, füllte.“ Darin liege die Vorspiegelung falscher Tatsachen mittels konkludenter Handlung (also durch stillschweigendes Verhalten); Ergebnis: Verurteilung wegen Betruges.

Das ist allerdings der einzige Fall einer solchen Verurteilung, der mir bekanntgeworden ist. Vielleicht hängt es damit zusammen, daß seither an den Wänden aller Gastwirtschaften und Bierkeller Schilder mit folgendem Text prangen: „Die Direktion hat das Personal angewiesen, auf voll eingeschenkte Krüge zu achten und gegebenenfalls auf Wunsch die Krüge nachfüllen zu lassen.“

Auch das blieb weitgehend Theorie, wie folgende Geschichte zeigt:

Eines Tages kam der Wirt einer recht bekannten Bierwirtschaft zu mir und legte mir die Mitteilung der Staatsanwaltschaft auf den Tisch, er solle sich zu der Anzeige äußern, die gegen ihn wegen schlechten Einschenkens erstattet worden war.

Offenbar hatte das dieser Anzeige vorausgehende Manöver der Staatsanwalt selbst veranlaßt, oder es war von jenem Verein gegen betrügerisches Einschenken inszeniert worden. Jedenfalls hatten zwanzig Polizeibeamte in Zivil sich unter die Gäste des Bierkellers gemischt, und jeder hatte eine Maß Märzen bestellt. Sie waren alle mit einem Meßstäbchen ausgerüstet und hatten gemessen, wieviel

Kubikzentimeter die ihnen auf den Tisch gestellte Maß nun wirklich hatte. Als sie ihre Ergebnisse verglichen, waren es im Durchschnitt 17 Prozent Unterschank. Das macht bei drei Millionen Litern, die das Unternehmen im Jahr ausschenkt, schon einiges aus, wie sich jeder leicht ausrechnen kann.

Ich begab mich gleich zum Staatsanwalt und wies darauf hin, daß ja keiner der „Gäste" von der groß plakatierten Möglichkeit des Nachschenkenlassens Gebrauch gemacht habe und daß es überhaupt schwer sei, in die Krüge genau einen Liter hineinzubringen, denn das Bier müsse doch auch eine „Krone" haben, also schäumen. „Das Auge trinkt mit", laute das kulinar-lyrische Motto der Bierwirte.

Der Staatsanwalt ließ sich aber nicht abhalten und reichte seine Anklage beim Gericht ein. Nun besuchte ich die drei Richter, jeden einzeln, denn es mußte unbedingt verhindert werden, daß der Wirt in einer öffentlichen Hauptverhandlung auf die Anklagebank käme. Dieses Bild erschiene in der Presse und würde auf jeden Fall geschäftsschädigend wirken, selbst wenn der Prozeß mit einem Freispruch für den Wirt enden würde.

Die Richter teilten meine Bedenken und meinten, die Sache mit den Plakaten und der darauf für jedermann sichtbar bekundeten Bereitschaft zum Nachschenken mache die Anklage ziemlich wackelig, man sollte vielleicht ergänzende Ermittlungen anstellen.

Das ließ sich der Staatsanwalt gesagt sein und begab sich pflichtschuldigst und höchst amtlich, wenn auch inkognito mit Lodenmantel, um die Mittagszeit in die gut besuchte Bierwirtschaft. Er bestellte eine Maß Bier, „aber frisch vom Faß bitte und gut eingeschenkt!" rief er der im Vorbeigehen seine Bestellung aufnehmenden Kellnerin zu. Diese stellte dem Gast alsbald die Maß hörbar auf den Holztisch: „Prost!". Der Staatsanwalt trank aber nicht gleich, sondern blies den Schaum zurück und konnte auch ohne das vorsorglich mitgebrachte Meßstäbchen feststellen, daß es sich um eine „Dreiquartelmaß“ handelte. Nun kam also die Probe aufs Exempel. „Bitte, Fräulein, würden Sie so gut sein und nachschenken lassen?“, sagte er der Kellnerin, als diese gerade wieder einmal vorbeisegelte. Dabei deutete er höflich kommentierend auf das Schild an der Wand: „Die Direktion hat das Personal angewiesen . . .“.

Die Kellnerin sagte nichts. Sie riß mit kräftigem Ruck den Krug wieder an sich und verschwand. Als sie ihn wieder brachte, war sofort zu sehen, daß nicht ein Tropfen mehr darin war als vorher. Vielleicht hatte sie gar nicht nachschenken lassen, denn wer weiß, was der Schenkkellner ihr gesagt hätte. „Das ist noch lange keine Maß“, monierte der unerkannte Staatsanwalt. „Ja, mei, dann müssen'S selber hingehen und nachschenken lassen. Ich kann nicht mehr machen.“

Das war eine neue Situation. Einen Anspruch darauf, daß die Kellnerin ihm das Bier bringe, hatte er ja wohl nicht, andererseits war die Aufforderung, selber nachschenken zu lassen, wohl auch keine Verweigerung des Nachschenkens. Vor allem war durch diese Unterhaltung klar geworden, daß er sich nicht als „betrogener Gast“ im Sinne der Anklage fühlen konnte, denn er wußte ja um den „Unterschank“. Ihm wurde also nichts „vorgespiegelt“. Und ohne eine solche „Vorspiegelung falscher Tatsachen“ – so heißt es im Strafgesetzbuch seit über hundert Jahren unbeanstandet, weil wohl noch niemand darüber nachgedacht hat, ob es eine „falsche Tatsache“ überhaupt geben kann –, ohne eine solche Tatsachenvorspiegelung also war seine Anklage nichts wert.

So in die Sackgasse geraten, kam der Staatsanwalt noch auf eine zivilrechtliche Idee, die vielleicht weiterhelfen konnte: Im § 320 des Bürgerlichen Gesetzbuchs steht der grundlegende Satz: „Wer aus einem gegenseitigen Vertrage verpflichtet ist, kann die ihm obliegende Leistung bis zur Bewirkung der Gegenleistung verweigern, es sei denn, daß er vorzuleisten verpflichtet ist.“ Wie wäre es also, wenn er der Kellnerin einfach die „Gegenleistung“, nämlich die Zahlung des Bierpreises, verweigern würde, bis sie die dem Wirt obliegende Leistung, nämlich die Lieferung einer vollen Maß bewirkt hatte? So weit war nun dem Staatsanwalt die bayerische Bierkellerszene allerdings vertraut: er konnte es nicht darauf ankommen lassen, einer Kellnerin, die schon zweimal eine Maß auf den Tisch gestellt hatte, den Bierpreis zu verweigern. Er bezweifelte, wohl mit Recht, ob er unter diesen Umständen noch heil aus dem Lokal gekommen wäre.

Es mußte eine andere Entscheidung getroffen werden. Um es nun auch am persönlichen Einsatz nicht fehlen zu lassen, begab sich der Staatsanwalt selbst zur Schänke. Dort stand der zuständige Schenkkellner, leicht vorgebeugt, hielt er gerade wieder einen Maßkrug unter den Bierhahn, und würdevoll drehte er sich jedesmal, wenn ein Krug, so wie er es verstand, gefüllt war, ein wenig nach rechts, um ihn auf den metallbeschlagenen Tisch zu stellen, von wo ihn die Kellnerin dann wegnahm und gleichzeitig das Bierzeichen, eine messingne Marke, hinlegte, die der Schenkkellner, während er sich schon zum weiteren Einschenken wieder faßwärts wandte, mit einem kleinen Stoß seines rechten Zeigefingers in die Kassette schob, wo die anderen Bierzeichen schon lagen.

Diesem so hantierenden Schenkkellner näherte sich unser Staatsanwalt nun mit seinem schlecht eingeschenkten Krug. War es die berühmte Vorsehung, oder war es einfach Pech: als er sich der Theke auf etwa zwei Schritte genähert hatte, rutschte er auf dem vom Bierschaum und vom Krügewaschen ein wenig nassen Steinboden aus und fiel der Länge nach hin. Es gelang ihm zwar, im Fallen den Krug hochzuhalten und ihn so zu retten, aber das Bier war verschüttet, und der Nachweis des schlechten Einschenkens auf dem Boden zerronnen.

Nun folgte einer der so herrlichen kurzen Sätze, die hierzulande in ungewöhnlichen Situationen immer wieder einmal zu hören sind und die Lage sowohl blitzartig analysieren wie auch gleich abschließend beurteilen. Dieser Satz kam aus dem Mund des Schenkkellners, der den Staatsanwalt mit seinem Bierkrug längst hatte daherkommen sehen. Er lautete mitleidlos und knapp und war, wie alle wichtigen Sätze in Bayern, in betontem Hochdeutsch gesprochen: „Das ist die gerechte Strafe!"

Von der Anklage und dem Strafverfahren gegen den Wirt habe ich nie mehr etwas gehört.

„Guten Morgen, Herr Kollege!“

Daß ein Anwalt schon um 7 Uhr früh in seiner Wohnung angerufen wird, dürfte relativ selten vorkommen.

An jenem Montag passierte es dennoch: „Hier spricht der stellvertretende Leiter des Bezirks-Nervenkrankenhauses in P., Dr. Wendelin. Bitte kommen Sie sofort, es handelt sich um einen wirklich dringenden Fall.“ Ich wollte wenigstens stichwortartig wissen, um was für eine Rechtsangelegenheit es sich zu dieser frühen Morgenstunde handeln könne. „Das erkläre ich Ihnen, sobald Sie da sind. Ich schicke Ihnen meinen Wagen, aber bitte kommen Sie.“

Als mich der Nervenkrankenhaus-Dienstwagenfahrer an die Pforte des gut eingezäunten Gebäudes gebracht hatte, stand Dr. Wendelin schon da: „Vielen Dank, bitte kommen Sie gleich mit ...“

Im Besprechungszimmer des Chefarztes im ersten Stock saß ein ganz normal aussehender etwa 40jähriger Mann. Er trug die offenbar anstaltseigene pyjamaartige lindgrüne Hose und eine dazu passende Jacke.

„Ich brauche sofort einen Anwalt, ich will das Krankenhaus und die Polizei und alle, die mit diesem schändlichen Fall zu tun haben, unverzüglich verklagen, auf Schmerzensgeld, wegen Amtsmißbrauchs und wegen Freiheitsberaubung, bitte helfen Sie mir, Honorar spielt keine Rolle.“

Nun begegnet man in einem Nervenkrankenhaus ja bekanntlich allerlei merkwürdigen Leuten. Ich war daher geneigt, diese so energische Kriegserklärung des Patienten für die Äußerung eines Kranken zu halten, dem einiges im Oberstübchen durcheinandergeraten war, und zog fragend die Schultern hoch. Dr. Wendelin, der mich dem Patienten vorgestellt hatte und meine Verlegenheit bemerkte, beruhigte mich jedoch rasch: „Die Sache ist in der Tat kein medizinischer Fall, sondern ein juristischer Kasus. Dr. Jaromir Quidlberg, den ich hier nennen und vorstellen darf, ist völlig gesund, er verlangt und braucht sofort einen Anwalt."

Die Stationsschwester, von der in der Folge noch die Rede sein wird, hatte inzwischen einen dritten Stuhl hereingebracht, und es entwickelte sich ein fast zweistündiges „Informationsgespräch", in dem ich nun die Einzelheiten dieses absonderlichen Falles dargelegt bekam:

Dr. Jaromir Quidlberg hatte sich am Freitagabend in seinem Einfamilienhaus am Stadtrand früh schlafengelegt. Er war ganz allein und genoß völlig ungestört das glückliche Gefühl, das sich an diesem Tag bei ihm eingestellt hatte. Er hatte nämlich durch eine befreundete Vorzimmersekretärin des Ministeriums „ganz vertraulich und unter dem strengsten Siegel der Verschwiegenheit" erfahren, daß es nun amtlich sei und daß er es nächste Woche offiziell erfahren werde: Er bekomme die Chefarztstelle des Bezirks-Nervenkrankenhauses in P., eben jenes Krankenhauses, in dem wir jetzt saßen.

Dr. Quidlberg war nämlich, wie ich hier einflechten muß, selbst Nervenarzt und seit Jahren beim städtischen Gesundheitsamt tätig. Diese Beamten- und Bürotätigkeit befriedigte ihn gar nicht recht, zumal sie überwiegend aus dem Ausfüllen von Meldeformularen und Erstellen von Statistiken über ansteckende Krankheiten bestand.

Dr. Quidlberg genoß also sein Glücksgefühl, von dem er ja noch niemandem etwas sagen durfte, und legte sich, wie gesagt, früh ins Bett, um noch ein wenig Radio zu hören und zu lesen und dann selig zu entschlummern. Und zwar legte er sich, was nun für den Fortgang der Geschichte unerwartet entscheidend wurde, nackt ins Bett. Man muß ihm das verzeihen, denn es gibt nun einmal Leute, die in einer solchen lauen Sommernacht die Kühle des Leinens angenehm empfinden. Warum auch nicht.

Gegen 6 Uhr früh hörte der allmählich Aufwachende

das Klappern des Briefkastens vor dem Haus. Klick, klack: Das Morgenblatt. Zwischen Schlaf und völligem Erwachen liegt ja das sanfte Gefühl des Halbschlafes, so recht geeignet, in einer Zeitung zu blättern. Dr. Quidlberg wollte sich diesen kleinen Genuß gönnen und entschloß sich, schnell vor die Türe zu gehen, um die Gazette zu holen. Es waren nur wenige Schritte zum Briefkasten am Gartenpfosten. Da er dabei von niemandem gesehen werden konnte, verließ er, wie er war, ohne sich irgendetwas überzuziehen, das Haus. Nun geschah es aber: Just als er die Zeitung aus dem Kasten holte, erhob sich ein sanfter Sommermorgenwind, es entstand für einige Sekunden ein schwacher Luftzug, aber der genügte, um die halb offenstehende Türe ins Schloß fallen zu lassen. Klick, klack.

So stand Dr. Quidlberg, inzwischen völlig wach geworden, in seiner paradiesischen Herrlichkeit mit weiter nichts als der Morgenzeitung in der Hand da und sah fragend und ratlos um sich. War vielleicht ein Fenster offen? Die waren aber alle nur gekippt. Die Vögel zwitscherten, und das klang wie Hohn. Er versuchte, die Zeitung irgendwie um sich zu wickeln, aber das erwies sich als ziemlich aussichtslos. So trat er vorsichtig einige Schritte auf den Gehsteig, ob jemand komme, den er um Hilfe angehen könne. Er richtete seine Blicke auf die Nachbarhäuser. Und da stand eine junge Frau gerade am Fenster. „Hallo“, rief er und winkte mit der einen Hand, während er mit der anderen die Zeitung vor sich zu halten versuchte. „Hallo! Darf ich mich mit einer Bitte an Sie wenden ...?“ Die Frau jedoch hörte gar nicht zu, sondern trat verschreckt ins Zimmer zurück. Man kennt in solchen Stadtrandgebieten ja seine Straßenmitbewohner kaum, und so glaubte die Frau, einen jener exhibitionistischen Nacktgänger erblickt zu haben, die hin und wieder bei schönem Wetter die Spätheimkehrer und die Zeitungsfrauen belästigen. Sie rief daher die Funkstreife an: „Bitte kommen Sie gleich, ein Sittenstrolch treibt sich hier vor unserem Haus herum!“

Es dauerte nicht lange, da kurvte der Streifenwagen um die Ecke. Dr. Quidlberg war der einzige, der auf der Straße stand, mit der Zeitung fummelnd und winkend – und nackt.

„Da brauchen wir keine Pistole", sagte der Streifenführer zu seinem Kollegen, steckte das Schießeisen ein und ging auf den waffen- und kleiderlosen Mitbürger zu. „Hören Sie, meine Herren, mir gehört dieses Haus, und ich habe keinen Schlüssel bei mir. Darf ich Ihnen die Situation erklären?" „Selbstverständlich, mein Herr", antwortete der Ordnungshüter, „selbstverständlich, aber nicht gerade hier und nicht gerade in diesem Zustand. Nehmen Sie das da und kommen Sie mit uns, dann wird sich alles geben." So reichte er dem Verdutzten einen Polizeimantel und schob ihn in den Fond des Wagens. „Wir fahren gleich zum Protokollieren. Haben Sie nur einen Augenblick Geduld."

Das Polizeiauto fuhr also los und steuerte dorthin, wo die Polizeistreife allmorgendlich die Herumirrenden, Betrunkenen oder sonst irgendwie „Auffälligen" abzuliefern hatte, nämlich ins Bezirks-Nervenkrankenhaus P.

„So, kommen Sie nur herein", sagte der Nachtdienstpförtner und nahm dem Polizisten den Fahrgast ab. „Hier haben Sie etwas zum Anziehen", dabei gab er ihm einen lindgrünen Anzug, wie ihn alle bekamen, die nichts anhatten oder deren völlig verdreckte Sachen erst einmal saubergemacht werden mußten. „Nehmen Sie hier bitte Platz, der diensthabende Arzt kommt sowieso schon in einer halben Stunde."

Dieses „Gleich-hier-Platz-nehmen" war für Dr. Quidlberg eine problematische Sache. Der Pförtner konnte es ja nicht wissen, es konnte in der ganzen Anstalt überhaupt niemand wissen, daß er, Dr. Quidlberg, demnächst Chef dieses Hauses sein werde, ja, daß er es eigentlich schon war. Seinen Antrittsbesuch hatte Dr. Quidlberg sich freilich etwas anders vorgestellt. Jetzt saß er in dem großen quadratischen Warteraum, in dem ringsum die Unglücklichen saßen, die in einer Großstadt Nacht für Nacht zusammengeholt und hier abgeliefert werden müssen. Die meisten starrten teilnahmslos vor sich hin; einer war dabei, der unentwegt Goethes „Faust" vor sich hersagte: „Du mußt verstehen! Aus Eins mach Zehn, und Zwei laß gehn, und Drei mach gleich, so bist du reich. Verlier die Vier! Aus Fünf und Sechs – so sagt die Hex – mach Sieben und Acht, so ists vollbracht: Und Neun ist Eins, und Zehn ist keins. Das ist das Hexeneinmaleins." Nach zehn Minuten konnte Dr. Quidlberg es auswendig, und nach zwanzig Minuten fand er es völlig logisch.

Es dauerte gar keine halbe Stunde. Die schwere weiße Türe wurde zurückgeschoben, und herein kam ein junger Mann mit weißem Kittel, offenbar der an diesem Samstagmorgen diensthabende Arzt, dazu eine Krankenschwester, einen Kopf größer als der Arzt und ziemlich kräftig: Das Morgenvisite-Team, das die „Neuen" aufzunehmen hatte.

Nun ist ein Irrenarzt ja allerhand gewohnt. Da kommt einer als Napoleon daher, ein anderer hält sich für Christus, und neuerdings taucht auch immer wieder einmal ein Mao Tse Tung auf, der aus einem kleinen roten Büchlein („Printed in Peking") allerhand Weisheiten vorliest. Nur für den Österreicher Adolf H. aus B. hat sich noch kein Geisteskranker gehalten. Das bestätigt die inzwischen von führenden Tiefenpsychologen einhellig vertretene Theorie, daß Verrückte sich nicht gern als Verrückte ausgeben.

Dr. Quidlberg, um allmählich zum entscheidenden Punkt unserer Geschichte zu kommen, stand, sobald er des jungen Arztes ansichtig wurde, auf, ging ihm, in der Hand immer noch die Morgenzeitung, einige Schritte entgegen und rief hoffnungsfroh und erleichtert: „Guten Morgen, Herr Kollege! Es freut mich, Sie kennenzulernen, ich bin nämlich demnächst Ihr Chef ..." Der junge Halbgott in Weiß hörte zunächst nicht richtig hin, denn er hatte sich sofort dem der Türe am nächsten Sitzenden zugewandt. Unser Held meldete sich erneut, ging mit der Zeitung winkend und fuchtelnd auf den Arzt zu und rief, nun schon ein wenig fordernde Verzweiflung in der Stimme, noch einmal: „Recht guten Morgen, Herr Kollege, bitte hören Sie zu, ich bin Ihr künftiger Chef und möchte hier etwas klarstellen ...!“ Als er dabei den Arzt auch noch am Ärmel zog, wandte sich dieser um, hob für ein paar Sekunden die Augenbrauen und gab der Krankenschwester mit dem Kopf jenen Wink, den er öfter geben mußte. Sofort ging die Schwester auf den Störenfried zu, zog ihm mit geübtem Griff die Hose herunter und verabreichte ihm die in solchen Fällen übliche Beruhigungsspritze.

Es war an sich eine ungefährliche Spritze, aber die Dosis war etwas zu reichlich geraten. Der völlig Überraschte spürte seine Kraft schwinden und kam gerade noch auf die Bank zurück, wo er sofort einschlief.

Nach dieser Morgenveranstaltung, sie hatte über eine Stunde gedauert, schlief Dr. Jaromir Quidlberg immer noch, und so trugen ihn die Heilgehilfen in ein Bett für Neuankömmlinge, die dann noch weiter untersucht werden sollen, bei denen es aber zunächst nicht eilt.

Was in den nächsten 48 Stunden geschah, konnte man später nicht mehr rekonstruieren. Der so nachhaltig zur Ruhe Gebrachte schlief jedenfalls fest und ließ sich durch nichts stören. Noch am Samstag und dann wieder am Sonntag hatte der Stationsarzt an ihm Messungen vorgenommen, vor allem den Puls kontrolliert. Es fanden sich keine Unregelmäßigkeiten, also ließ man ihn schlafen. Am Sonntagnachmittag hängte man ihn „an den Tropf“, aber auch dabei wachte er nicht auf. So wurde im Krankenblatt lediglich vermerkt: „Kein Fieber, Organe normal, spricht ab und zu vor sich hin: ‚Ich bin Ihr Chef, nehmen Sie sich zusammen!‘“

Am frühen Montagmorgen machte dann der stellvertretende Chefarzt Dr. Wendelin, eben aus dem Urlaub zurückgekehrt, bei den neu aufgenommenen Patienten Visite, und so zeigte man ihm auch den „Nacktgeher“.

Dieser war gerade zu sich gekommen und fragte nun energisch, wo er denn eigentlich sei und was das alles zu bedeuten habe. Er brauchte nicht lange zu fragen, denn der Chefarztstellvertreter erkannte ihn sofort. Er war ja als Kollege während der vergangenen Jahre oft gemeinsam mit ihm tätig gewesen, unter anderem auch als Gutachter vor Gericht. Nun war es also Dr. Wendelin, der erstaunt ausrief: „Guten Morgen, Herr Kollege!“, und er fragte besorgt weiter: „Was fehlt denn Ihnen?“ Die Antwort war nicht sehr freundlich: „Diese dämliche Frage, verehrter Herr Kollege, müßten doch Sie beantworten können. Mir fehlt ja gar nichts, außer jemand, der mir endlich zuhört.“ Dann schilderte er das Mißgeschick mit der Morgenzeitung, der zugefallenen Haustüre, der Funkstreife und der tatkräftigen Schwester mit ihrer Betäubungsspritze und drohte mit Strafanzeigen und Klagen wegen Körperverletzung, auf Schmerzensgeld und wegen Freiheitsberaubung und verlangte sofort einen Anwalt.

Das war also jener Montagmorgen, an dem mich gegen 7 Uhr Dr. Wendelin anrief, und an dem ich dann gut eineinhalb Stunden bei Dr. Jaromir Quidlberg saß.

Daß hier eine Klage wegen Schmerzensgeldes usw. erfolgreich wäre, braucht dem Leser nicht lange erklärt zu werden. Was er aber nicht so ohne weiteres wissen dürfte, ist die auf viele Erfahrungen gestützte Praxis, einen Prozeß lieber zu vermeiden als zu führen, wenn es sich um einen Streit handelt, den man juristisch zwar gewinnen, aber in den Augen der Öffentlichkeit, der Bekannten und der Kollegen sozusagen moralisch und psychologisch doch nur verlieren kann. So erklärte ich meinem lindgrün gewandeten Herrn Mandanten, er möge sich doch deutlich vorstellen, mit welchem Eifer die Gerichtsjournalisten diesen ja dann öffentlich zu führenden Schadenersatzprozeß verfolgen und mit welchem Genuß sie darüber in Bild und Text berichten würden.

Inzwischen hatte man Herrn Dr. Quidlberg und auch

mir den Frühstückstee gebracht, und das wirkte auf die ganze Atmosphäre entspannend. Dr. Quidlberg sah ein, daß hier auch ein gewonnener Prozeß höchst unerwünschte Nebenfolgen haben müßte. So wurde der Fall rasch und lautlos beendet. Dr. Wendelin stellte gern noch einmal seinen Dienstwagen zur Verfügung, diesmal, um jenen „Patienten" nach Hause zu bringen. Dorthin hatte man inzwischen telefonisch seine Mutter bestellt, die einen Schlüssel hatte. Hier konnte Dr. Quidlberg endlich den lindgrünen Anstaltspyjama ausziehen, und da die Nervenheilanstalt ihr Eigentum bis heute nicht zurückgeholt hat, hängt das Ding wohl noch in seinem Kleiderschrank, ein Andenken an jene merkwürdige Geschichte.

Wer noch wissen will, ob Dr. Quidlberg die Chefarztstelle auch bekommen hat, für die er vorgesehen war und deren Inaussichtstellung ihn so beglückt hatte: Dr. Quidlberg hat sie nicht angetreten. Aber als er mir nach einigen Wochen einen netten Dankesbrief schrieb und sich nach dem Honorar in dieser nicht alltäglichen Angelegenheit erkundigte, konnte ich auf dem Briefkopf die respektable und erfreuliche Absenderangabe lesen: „Dr. Jaromir Quidlberg, Facharzt für Nervenheilkunde und Erster Direktor der Universitäts-Nervenklinik in F.".

Der Kaplan und die einsame Witwe

„Der Kaplan ist da, der gestern angerufen hat. Er sitzt im Wartezimmer, und eine Dame ist auch noch dabei." Mit diesen Worten meldete mir meine Sekretärin den nicht alltäglichen Besuch. Ich antwortete mit hochgezogenen Augenbrauen und einem fragenden Blick. Das sollte heißen, daß ich wissen wollte, worum es sich handle. Meine Sekretärin antwortete aber nicht, sie machte lediglich mit niedergeschlagenen Augen eine wichtige Miene und zog die Schultern hoch. Das sollte bedeuten, daß sie sich nicht getraue, einen Kaplan, der, noch dazu in Begleitung einer Dame, in eine Anwaltskanzlei kommt, zu fragen, was er für einen Fall habe. Da gibt es bekanntlich auch einmal peinliche Fälle, die man nicht gleich der Sekretärin mitteilt.

Dieser Fall aber war ganz und gar nicht peinlich, er war allerdings ein Stück tragischer Lebensgeschichte – und ein seltener juristischer Leckerbissen.

Der etwa 30jährige Geistliche hatte einen dunklen Anzug an und trug, was man heute selten sieht, einen „römischen Priesterkragen". Die Dame, die er mitbrachte, stellte sich als private Krankenpflegerin vor.

Der Geistliche erzählte nun, wie er Tag für Tag Alten- und Krankenbesuche mache. Der Vereinsamung und seelischen Verlassenheit vieler alter Menschen, gerade in einer Großstadt, wolle er abhelfen. Vielfach seien es Frauen in bescheidenen Verhältnissen, die in Mietshäusern wohnten und nur unzulänglich verpflegt würden. Ein bißchen Einkauf im Laden an der Ecke und die Morgenzeitung im Briefkasten seien oft die einzige Verbindung zur Welt.

Ab und zu gibt es aber auch recht vermögende Frauen; sie haben Geld und Schmuck und Möbel, aber leider nicht mehr die Kraft und Gesundheit, die ihnen gestatten würde, ihren Reichtum sinnvoll zu genießen.

Von einer solchen armen Reichen handle nun sein Fall, nämlich von Frau Amalie von Wapposch. Sie war seit fünf Jahren ans Bett gefesselt. Nur eine Stunde im Tag konnte sie ein wenig aufstehen. Seit zwei Jahren war sie völlig erblindet. Ihren Haushalt versorgte (gegen gute Entlohnung) die private Krankenpflegerin, die der Kaplan mitgebracht hatte. Der besondere Kummer der Kranken war der Mangel an geistiger Anregung und Unterhaltung. Sie hörte zwar fleißig Rundfunksendungen, war aber damit gar nicht so recht zufrieden. Das war ihr alles ein wenig unpersönlich. „Da konnte ich ihr", so erzählte der Kaplan weiter, „gut helfen, denn ich weiß, wie sehr Kranke aufleben, wenn man sich Zeit für sie nimmt, ihnen zuhört und ihnen Geschichten erzählt oder vorliest." Gerade die Baronin von Wapposch war nach ihrer Erblindung auf solche Gespräche besonders angewiesen und dafür auch besonders dankbar. Jeden zweiten Tag kam der Kaplan zu ihr, und immer wußte er sie ein, zwei Stunden lang zu unterhalten.

Bei diesen Betreuungsgesprächen kamen natürlich immer mehr persönliche Dinge ins Gespräch, und immer wieder tauchte die Frage auf, was das Leben eigentlich für einen Sinn habe, und daß man ja, wenn es einmal soweit sei, doch „nichts mitnehmen" könne. Eines solchen Gesprächsnachmittags eröffnete Frau von Wapposch nun ihrem Besuch, daß sie sich dadurch dankbar erzeigen wolle, daß sie ihm aus ihren Waldbesitzungen ein wertvolles Grundstück übereignen und daß sie die gleiche Zuwendung auch an die Krankenpflegerin machen wolle. Weil beide so nette Menschen seien und sich mehr als alle anderen um sie annähmen. Sie habe ja (das hatte sie dem Kaplan freilich schon oft und oft erzählt) niemanden mehr auf dieser Welt, ihre beiden Söhne seien im Weltkrieg in Rußland gefallen, und ihr Mann, ein vermögender Grundstückshändler, von dem sie einen guten Teil ihres Reichtums geerbt habe, sei schon vor über zehn Jahren gestorben. Ihre einzige Verwandte sei eine jüngere Schwester, diese aber sei recht mißgünstig und unliebenswürdig, suche immer nur Streit und warte offenbar nur auf den Tag, an dem sie einmal alles von ihr erben werde.

Da aber das Erbschaftsverfahren doch recht umständlich und langwierig sein könne, habe sie sich entschlossen, dem Kaplan und der Pflegerin die Grundstücke schon zu ihren Lebzeiten zu übereignen. Die beiden drängten nun keineswegs und meinten, das habe noch Zeit, aber schließlich mußten sie das großzügige Angebot der Frau von Wapposch, schon um sie nicht zu beleidigen, annehmen.

Grundstücksübereignungen sind hierzulande eine etwas umständliche Sache. Da braucht man einen Notar und das Grundbuch, in dem dann jeder nachlesen kann, welches Grundstück wem gehört und wem es vorher gehört hat. Das mißfiel der alten Dame, denn ihre Schwester sollte von der Übereignung nichts erfahren, sonst gebe es wieder allerhand Verdruß; sie solle ihre bösen Worte und Verwünschungen für sich behalten, entschied Frau von Wapposch. Die beiden Waldgrundstücke sollten zwar übereignet werden, aber im Grundbuch solle darüber, solange sie lebe, nichts eingetragen werden. Ob man so etwas machen könne?

Wie das zu bewerkstelligen war, wußte der Notar. „Wir machen für jedes der beiden Grundstücke einen regelrechten Übereignungsvertrag, einen für Sie, Herr Kaplan, und einen für Sie, verehrtes Fräulein. Und ich vermerke mir bei meinen Akten, daß der Vertrag dem Grundbuchamt erst zur Eintragung vorgelegt werden soll, wenn Sie es wünschen." Dabei war man sich darüber einig, daß diese Grundbucheintragungs-Anträge erst gestellt werden sollten, wenn Frau von Wapposch das Zeitliche gesegnet habe.

Bis dahin schien mir die Erzählung des Kaplans menschlich ganz ansprechend, aber rechtlich völlig unproblematisch. So fragte ich, nun doch ein wenig ungeduldig geworden, wozu man hier meinen Rat und meine Hilfe brauche.

Das sollte ich nun gleich erfahren: Mit dem Sterben ist es nämlich so eine Sache. Man weiß nie recht, wann die Zeit abgelaufen ist, und erst recht weiß man nicht die Reihenfolge, in der die jeweils Beteiligten von dieser Welt scheiden müssen. Da gibt es oft Überraschungen, so auch hier.

Als erster von den hier Beteiligten starb nämlich nicht die Witwe, auch nicht deren Schwester, auch nicht der Kaplan und auch nicht die Pflegerin, als erster starb, etwa ein Jahr nach Vertragsabschluß, der Notar. Er bekam nach einigen Wochen einen Amtsnachfolger, und dieser fand bei Durchsicht der unerledigten Akten auch die beiden Grundstücksübereignungsverträge. Da diese noch nicht „grundbuchmäßig erledigt" waren, fragte er bei den Vertragspartnern an, was mit diesen so lange zurückliegenden Verträgen nun eigentlich geschehen solle. Ob sie aufgehoben werden sollten. Sowohl Frau von Wapposch als auch der Kaplan und die Pflegerin antworteten im gleichen Sinne, man sei sich völlig einig: Aufheben!

Als nächster starb, dreiviertel Jahre später, Frau von Wapposch. Still und unauffällig war sie eingeschlafen, und eines Morgens fand die Pflegerin sie leblos im Bett. Unmittelbar nach der Beerdigung beantragte nun Frau von Wapposchs Schwester einen Erbschein, die Herausgabe der Nachlaßgegenstände und die Umschreibung der beiden wertvollen Waldgrundstücke auf ihren Namen. Nun rückten der Kaplan und die Pflegerin mit ihren Verträgen heraus und beauftragten den Notar, die so lange zurückgestellte Eintragung der Übereignung ins Grundbuch und damit den Eigentumsübergang der Grundstücke zu veranlassen. Der Notar war nun etwas verwundert, da alle drei Vertragsteile ihm doch geantwortet hatten, daß die Verträge aufgehoben werden sollen. Er habe daher deren Annullierung aktenkundig gemacht und der Schwester der

Verstorbenen auch die Auskunft gegeben, daß nun die Umschreibung der Grundstücke auf sie, die Erbin, erfolgen könne.

Da hatte ich nun endlich den Streitpunkt: „Aufheben" hat der Notar als Auftrag zur Annullierung verstanden, die Vertragschließenden hatten mit diesem Wort aber gemeint: „Aufbewahren".

Damit wurde dann der Fall nun unversehens sehr juristisch. Wie ist es zu halten, wenn unter dem gleichen Wort der, der es sagt, etwas anderes meint als der, der es hört? In juristischen Vorlesungen und Kommentaren werden solche Mißverständnisse umständlich und reichlich theoretisch unter dem Kapitel „Dissens" abgehandelt. Gängiges Lehrbuchbeispiel für solche versteckten Mißverständnisse: „Vermietung des ersten Stockes". In Norddeutschland versteht man darunter die Etage unmittelbar über dem Erdboden, in Süddeutschland das Stockwerk darüber. Ähnlich ist es mit dem „Mezzanin", einem österreichischen Ausdruck für ein Zwischengeschoß aus der Baukunst der Rennaissance oder des Barocks. Was soll in solchen Fällen gelten, wenn Mieter und Vermieter einen Vertrag über den „ersten Stock" abschließen?

Maßgebend ist für die Lösung eines solchen Problems für die Juristen nach gefestigter Lehre und Rechtsprechung das „beiderseits wirklich Gemeinte". Die Beweislast dafür, was gemeint war, trifft dabei den, der sich auf eine bestimmte Bedeutung beruft. Er muß nachweisen, was gemeint war. In unserem vorliegenden Fall war die Sache insofern etwas unsicher, als der Notar ja der Schwester bereits bestätigt hatte, daß der Vertrag annulliert war und daß sie nun als Erbin sich ins Grundbuch eintragen lassen könne. Erst als der Kaplan und die Pflegerin von der Sachlage erfuhren und den Notar beauftragten, den Vertrag nun dem Grundbuch vorzulegen, damit sie Eigentümer werden könnten, kam es zum Streit. Die Schwester verlangte bei Gericht die Umschreibung der Grundstücke auf ihren Namen, da ja jener Übereignungsvertrag „aufgehoben“, also, wie sie meinte, rückgängig gemacht worden war. Der Kaplan und die Pflegerin hingegen verlangten die Eintragung auf ihre Namen, da der „aufgehobene“ Vertrag lediglich zurückgestellt, aber nicht widerrufen war.

Das Gericht brauchte eine Zeitlang, bis es durch verschiedenerlei Fragen und Einsichten in die Akten daraufkam, daß der Notariatsinspektor damals, bei der Protokollierung in der Wohnung der Frau von Wapposch, als Protokollführer fungiert hatte. Er hatte den Vertrag zu Papier gebracht und hatte auch mit angehört, was die Beteiligten mit dem ganzen Manöver beabsichtigten. Danach war bewiesen, daß an eine Außerkraftsetzung des Vertrages nie gedacht war, sondern immer nur an eine Aufbewahrung bis nach dem Tod der Eigentümerin.

Die Schwester verlor also ihren Prozeß. Der Kaplan und die Pflegerin wurden endlich als Eigentümer der Grundstücke in aller Form ins Grundbuch eingetragen.

Der heimliche Vormundschaftsrichter

Im Sommer 1945 mußte auch die bayerische Rechtspflege erst einmal wieder tief Atem holen. Alle Richter, Staatsanwälte und Rechtsanwälte wurden von der amerikanischen Militärregierung außer Dienst gesetzt. Erst nach und nach ließ man einzelne Juristen nach Prüfung ihrer politischen Vergangenheit und Zuverlässigkeit wieder zu. Es dauerte ein gutes Jahr, bis die Justiz wieder funktionierte.

Wie immer bei politischen Umwälzungen hatten auch unter diesem „Jusstitium", so heißt der Stillstand der Rechtspflege in den Lehrbüchern, vor allem die kleinen Leute zu leiden. Auch in einem idyllischen Ort an einem oberbayerischen See waren es die Waisen und Witwen, die den Mangel zu spüren bekamen, den im Getriebe der neuen Orientierungsversuche natürlich niemand von den Oberen so recht bedacht hatte: Das Amtsgericht hatte seit dem 8. Mai 1945 keinen Richter mehr für seine Vormundschafts- und Nachlaßsachen. Der alte, der dieses Referat über zehn Jahre lang unauffällig und verläßlich betreut hatte, war 1944 pensioniert worden, und sein junger Nachfolger war SS-Hauptsturmführer gewesen und gleich beim Einmarsch der Amerikaner vom CIC abgeholt und ins Internierungslager Garmisch-Partenkirchen gesteckt worden.

So wurde es Frühling 1946, bis die allmählich wieder zum Leben erwachende Verwaltung im Münchner Justizpalast einen Mann für dieses ländliche Amtsgericht fand. Es war ein Sudetendeutscher, geboren in Brünn, er hatte aber das reichsdeutsche Justizexamen bestanden und war, soviel man erfahren konnte, ohne NS-Belastung. Jedenfalls ein angenehmer Mann, dessen warmgetönter, halb österreichischer Dialekt gut auch für die Oberbayern paßte. Er war froh, in der neuen Heimat so rasch einen so begehrten

Posten gefunden zu haben, denn Amtsrichter in Oberbayern, das war schon was.

Seine Freude wurde freilich ein wenig gedämpft, als er den Aktenberg sah, der da während jener rechtspflegelosen Periode angewachsen war: lauter Vormundschaftsakten, Nachlaßakten, Entmündigungsangelegenheiten, dazu noch die recht differenzierten Grundbucheintragungsanträge. Rückstände von bald zwei Jahren. Der Amtschef, der unseren Neubürger einwies, versuchte ihn zu trösten: Er bekomme ein Arbeitszimmer für sich allein, was damals eine große Seltenheit war, er dürfe auch halbtags die einzige Schreibmaschine, die dem Gericht geblieben war, benutzen, und sobald man wieder eine Schreibkraft habe, würde man sie vorrangig ihm zuteilen.

„Schön", dachte der neue Vormundschafts- und Nachlaßrichter, „aber diesen Berg muß ich ja doch selbst abtragen, Gott steh' mir bei!"

Der junge Mann, nunmehr also Amtsrichter des Freistaates Bayern, arbeitete zäh und fleißig. Er rechnete sich aus, daß er täglich an die 15 Akten „behandeln und erledigen" müsse, um den Rückstand im Laufe etwa eines Jahres allmählich aufholen zu können. So hatte man Verständnis dafür, daß er in den ersten vier Wochen überhaupt keine Besuche empfangen und keine Sprechstunden abhalten wollte. Man hielt ihm alle Petenten vom Leib, die nach ihren Erbscheinen, ihren Vormundschaftsausweisen und ihren Grundbuchauszügen fragten.

Einem alten Männlein mit Lodenjoppe und grauem Bart gelang es aber doch, an den jungen Herrn heranzukommen. Er lauerte ihm eines Morgens regelrecht auf, und das war bereits um 7 Uhr, denn in seiner Entschlossenheit im Kampf mit den Akten schonte der neue Richter sich selbst am wenigsten. „Ich muß Sie unbedingt sprechen, Herr Amtsgerichtsrat", redete er den zum Gerichtseingang Eilenden an, der sich nicht aufhalten ließ, sondern rüstig weiterschritt. „In Ihrem eigenen Interesse, Herr Amtsgerichtsrat, es ist für Sie wichtig, nicht für mich!" „Also, was wollen Sie?" gab der Überfallene knapp zurück. „Bitte empfangen Sie mich. Ich schwöre Ihnen, daß ich Sie in fünf Minuten wieder verlasse – außer Sie würden wünschen, daß ich länger bleibe. Das verspreche ich Ihnen, darauf können Sie sich verlassen!"

Einen so hartnäckigen Bittsteller wollte der noch Ortsfremde nun doch nicht zurückweisen; wer weiß, wie so etwas von den Leuten hier aufgefaßt würde, denn der alte Mann war vielleicht ein angesehener Bürger. „Also, bitte, kommen Sie herein, aber fassen Sie sich kurz, Sie sehen ja, welchen Berg von Arbeit mir das Dritte Reich hinterlassen hat."

„Ja, gerade deshalb komme ich", antwortete der Alte, während er sich den wackeligen Stuhl heranzog, der seit Wochen unbenutzt in der Ecke stand, da ja keine Besucher eingelassen worden waren. „Schauen Sie sich diesen Berg an", begann der Richter noch einmal und deutete auf die sechs Aktenhunde, auf denen die Papierbündel aufgeschichtet auf ihre Bearbeitung warteten.

„Sie brauchen mir diese Akten nicht zu zeigen, Herr Amtsgerichtsrat", sagte das Männlein mild und fast ein wenig lächelnd. „Ich kenne sie." „Wie? Was? Sie kennen diese Akten?"

„Ich bin nämlich Ihr Vor-Vorgänger und habe diese Akten alle selbst angelegt, einige vor fünf Jahren, einige vor zwei Jahren, einige noch am Tage vor meiner Pensionierung, nämlich am 31. Dezember 1944, das war ein Sonntag, den ich damals noch dazu benutzt habe, einiges aufzuarbeiten. Ich kenne jeden Fall und jede Familie und jedes neugeborene Kind und alle Erben, die in diesen Akten vorkommen." Dabei deutete er auf einen noch recht dünnen Faszikel hin, der oben auf einem Stoß lag. „Das ist das uneheliche Kind Maria Pframmer, es bekommt keinen Pfennig Unterhalt, solange der Akt nicht bearbeitet und der Vater festgestellt und zur Zahlung aufgefordert ist."

Verständlich, daß der neue Richter die Sprache nicht so schnell wiederfand. Er zog ein Päckchen Ami-Zigaretten heraus und bot seinem Gegenüber eine Camel an, was damals schon etwas heißen wollte, wo ein Päckchen Zigaretten etwa den Tauschwert von einem Pfund Butter hatte. Der alte Herr lehnte aber ab, er warte, bis es wieder Zigarren gebe, von denen er allerdings noch einen Notvorrat zu Hause habe. Außerdem seien die fünf Minuten um, und er habe versprochen, nicht länger zu bleiben.

„Aber ich bitte Sie, Sie können doch jetzt nicht gehen. Bitte behalten Sie Platz!"

Die Unterredung dauerte zweieinhalb Stunden, und niemand von den Angestellten und Beamten, die allmählich im Dienstgebäude eingetroffen waren, konnte sich erklären, was da im Zimmer des neuen und, wie wir wissen, alten Nachlaß- und Vormundschaftsrichters eigentlich für eine wichtige Besprechung stattfand.

Es handelte sich jedoch nicht bloß um eine Besprechung, sondern um einen regelrechten Pakt, einen Geheimpakt. Der Besucher kam geradezu in Fahrt, als er seine alten Akten wiedersah. Er könne es einfach nicht ertragen, daß alle diese Fälle so lange unbearbeitet blieben, schließlich handle es sich doch nicht um Papier, sondern um Menschen, er wisse, daß die Oberkofler-Bäuerin ihren Erbschein brauche und der Arzt im Krankenhaus das Kostgeld für den armen Irren, der von Amts wegen eingewiesen worden war, und daß der Grundstücksmakler Geier keine Verträge mehr unter Dach und Fach bringe, wenn er nicht endlich seine Grundbuchauszüge bekomme. Er traue sich schon nicht mehr unter die Leute, die ihn ja kannten und immer meinten, er müsse doch hier „etwas machen können". Er könne doch, so rückte er endlich mit seinem wohlbedachten konkreten Vorschlag heraus, jeden Nachmittag kommen und die Beschlüsse und Verfügungen entwerfen, die sein junger Amtsnachfolger dann bloß zu unterschreiben brauche.

Dagegen bestanden nun eigentlich keine Bedenken, überlegte der junge Richter, Nazi war der alte Richter ja nicht gewesen, so daß die Militärregierung diese „Schwarzarbeit“ oder „Untergrundarbeit“ nicht beanstanden konnte. Also!

Es dauerte bis Weihnachten 1946, dann waren die Akten alle wieder auf dem laufenden. Unser nun schon nicht mehr ganz neuer Richter konnte sich jetzt hin und wieder eine kleine Pause und einen Blick auf den winterlich glitzernden See und die immer weißer werdenden Alpen gestatten, und jeweils am Donnerstag abend war er auch gern gesehen am Honoratiorenstammtisch im Gasthof Zum Alten Fischer.

Im Jahr 1947 erschien der alte Richter nur mehr einmal in der Woche zu einer Art mündlichen Beratung von noch nicht ganz geklärten neuen Fragen aus alten Fällen. Vor allem hatten sich die Anträge auf Todeserklärungen von Vermißten oder nicht mehr Heimgekehrten gehäuft. Die dazugehörigen Familien kannte er, und es war immer eine traurige Sache, solche Schicksale erfahren zu müssen.

Einmal kam auch der Landgerichtspräsident zu einem Visitationsbesuch; er sprach sich sehr lobend über die fleißige Arbeit und die rasche Erledigung so vieler Rückstände aus. Er hat das dann offenbar höheren Orts gemeldet, denn schon nach zwei Jahren kam der tüchtige junge Jurist ans Landgericht nach München, was immer schon eine Auszeichnung war. Schließlich wurde er selber Gerichtspräsident. Seinem Enkel hat er neulich erzählt, wie das 1945 nach dem großen Zusammenbruch war, als er gemeinsam mit dem heimlichen Vormundschaftsrichter die bayerische Justiz wieder in Gang brachte.

„... Gehorsam ist des Christen Schmuck"

„Erste Kompanie, dritter Zug, Pistolen-Übungsschießen (mit scharfer Munition), 8 Uhr 30 bis 12 Uhr, Schießplatz Unterdornenberg. Leitung: Unteroffizier Ströb".

So stand es auf dem Bundeswehr-Dienstplan, und so wurde es auch durchgeführt. Nur Unteroffizier Ströb hatte aus irgendwelchen Gründen keine Zeit und hatte daher den Gefreiten Oberberger zum Dienstvorgesetzten für dieses Übungsschießen bestimmt.

Auf dem Schießplatz mußte nach und nach jeder einmal liegend, einmal kniend und einmal stehend mit „seiner" Pistole aus 30 Metern Entfernung drei Schüsse abgeben, scharfe Schüsse, die einen starken Rückschlag auslösten, so daß man die Pistole fest und kräftig in der Hand halten mußte, damit der Schuß nicht „nach oben verreißt". Ziel waren Pappkameraden, also große Plakate, auf denen in Lebensgröße Menschen in fremden Uniformen zu sehen waren; diese hatten alle auf die Brust einen roten Fleck aufgemalt bekommen, und ringsherum waren, wie bei einer Schießscheibe, elf konzentrische Kreise gezeichnet. Man konnte sich recht gut vorstellen, ob und wie einer den „Feind" getroffen hatte, womöglich tödlich.

Das Schweigen (bei Schießübungen darf nicht geredet werden) und die Vorstellung, auf Menschen schießen zu müssen, die man gar nicht kennt, brachten plötzlich einen als labil schon bekannten jungen Soldaten völlig aus dem Häuschen. Er bekam, wie der Nervenarzt später feststellte, einen hirntraumatischen Nervenschock, fuchtelte mit den Händen und schrie aus Leibeskräften: „Ich will nicht schießen, ich will nicht schießen! Schießen ist Mord!" Mit diesen Worten warf er die geladene und bereits entsicherte Pistole mit weitem Schwung von sich. Der Gefreite Oberberger begriff rasch, daß er hier mit seiner ihm aushilfsweise verliehenen Vorgesetzten-Befehlsgewalt nichts ausrichten konnte, und ließ den rabiaten Rekruten von zwei kräftigen Kameraden zum Truppenarzt bringen.

Was aus ihm geworden ist, weiß ich nicht. Das Problem, das sich nach und nach zu einem regelrechten Prozeß entwickeln sollte, betraf vielmehr die Pistole, die da eine Wurflänge weit weg im Gras lag. Genaugenommen betraf es auch nicht unmittelbar die Pistole, sondern den Soldaten Joachim Burbinger, einen etwas schlaksigen Absolventen des humanistischen Gymnasiums, der nicht nur deshalb immer auffiel, weil er mit einem Meter siebenundneunzig der längste war. Seine Vorliebe galt der deutschen Literatur, und so hatte er sich gleich nach dem Abitur immatrikuliert. Aber nun mußte er zunächst eineinhalb Jahre seiner Jugend dem „Bund" opfern. Diesem ganz und gar unsoldatischen Burbinger glaubte der Gefreite am unproblematischsten befehlen zu können, die Pistole aufzuheben.

„Burbinger, Sie holen die Pistole, aber vorsichtig, sie ist geladen und entsichert! Bringen Sie sie zum Waffenstand." Der Wehrdienstpflichtige Burbinger tat zunächst so, als hörte er nicht. Daraufhin wurde der Gefreite etwas lauter: „Burbinger, hören Sie . . .!" Hier unterbrach Burbinger den Schießveranstaltungsleiter: „Herr Gefreiter, im Dienstunterricht haben wir gehört, daß der Bundeswehrsenat entschieden hat, daß auch Soldaten mit ‚Herr' angeredet werden müssen, also bitte!" Das brachte den Gefreiten ein wenig in Verlegenheit, zumal die anderen Soldaten jetzt gespannt aufmerkten, wie die Sache weitergehen werde. Oberberger wählte einen Mittelweg und ließ den Namen samt „Herr" weg, indem er kurz und bündig, den Blick streng auf Burbinger gerichtet, befahl: „Sie holen jetzt die Pistole, das ist ein dienstlicher Befehl!" Der nun auf Widerspenstigkeit eingerastete Burbinger erwiderte in ruhigem, aber dennoch deutlich vernehmbarem Tonfall: „Das kommt gar nicht in Frage, das ist nicht meine Pistole, und ich habe sie auch nicht ins Gras geworfen." „Ich befehle Ihnen zum letzten Mal: Heben Sie die Pistole auf, sonst melde ich die Sache dem Kompaniechef!" „Melden Sie ruhig, was Sie wollen", sagte Burbinger und fügte nach einer kleinen Pause an: „Das, was Sie mir da befehlen wollen, können Sie mir gar nicht befehlen."

Wie es auf dem Schießplatz weiterging und wer die Pistole letzten Endes aufgehoben hat, erfuhr Burbinger nicht mehr, denn Oberberger übertrug das Kommando einem anderen Gefreiten des dritten Zuges und ging mit Burbinger den Waldweg zurück in die Unterkunft, eine gute Viertelstunde weit, und meldete den Vorfall dem Kompaniechef.

Der Kompaniechef, ein junger Oberleutnant, der bereits zur Beförderung zum Hauptmann anstand, nahm zunächst über den Vorfall ein Protokoll auf, das heißt, er notierte, was der Gefreite Oberberger berichtete. Dann schickte er ihn wieder zum Schießplatz und behielt Burbinger bei sich. „Sie sind immer noch kein richtiger Soldat, Befehlsverweigerung auf dem Schießstand, das ist keine Kleinigkeit. Ich werde mir überlegen, ob ich hier nicht Tatbericht an die vorgesetzte Stelle zur Weitergabe an das Gericht einreichen muß. Auf Gehorsamsverweigerung steht Freiheitsstrafe bis zu drei Jahren. Melden Sie sich um 14 Uhr wieder!"

Um 14 Uhr versuchte der Kompaniechef, mit dem vermutlich einsichtiger gewordenen Burbinger in Ruhe zu reden. „Herr Burbinger", (er sagte tatsächlich „Herr Burbinger") „Sie sind doch Abiturient, Sie wissen doch, daß in einer Wehrmacht Ordnung und Disziplin herrschen muß, und das schlechte Beispiel, das Sie eben gegeben haben ...". Burbinger, der ja im Grunde keine kämpferische Natur war, sondern trotz seiner Jugend bereits einen gesetzten, beinahe gemütlichen Eindruck machte, murmelte, daß ihm das Ganze doch irgendwie leid tue, aber man müsse verstehen ... und so weiter.

Der Oberleutnant sah hier ein geeignetes Objekt für seine pädagogischen Fähigkeiten, auf die er sich immer schon etwas zugute getan hatte. „Wissen Sie, vom Strafen allein halte ich nicht viel, Überzeugen ist besser. Ich gebe Ihnen eine Chance: Sie bleiben das nächste Wochenende freiwillig in der Kaserne und schreiben einen Aufsatz über Sinn und Notwendigkeit militärischer Disziplin. Den liefern Sie am Montag ab, dann ist die Sache erledigt. Als Thema wollen wir einen einschlägigen Satz von Friedrich von Schiller wählen: ‚Mut zeiget auch der Mameluck, Gehorsam ist des Christen Schmuck'. Den Vers kennen Sie ja wohl. Sie haben mich verstanden, Herr Burbinger?"

Das war ein unerwartetes Angebot: einen Aufsatz schreiben über Sinn, vielleicht auch über Unsinn des militärischen Gehorsams, das reizte unseren Burbinger. Einen Oberleutnant mit literarischen Ambitionen, das hatte er nicht erwartet. So antwortete er prompt: „Jawohl, Herr Oberleutnant!"

Übers Wochenende war die Kaserne so gut wie leer. So hatte Burbinger hinlänglich Ruhe für seinen Aufsatz. Sinn und Unsinn des Gehorsams, das war doch ungefähr das gleiche wie Sinn und Unsinn obrigkeitlicher Befehle und Gesetze überhaupt. Eine Bibliothek oder auch nur ein Lexikon, aus dem er einige Daten hätte entnehmen können, gab es hier nicht. Auf der Schreibstube standen nur drei Bücher: „Grundsätze der inneren Führung", „Der Bürger in Uniform" und das Grundgesetz der Bundesrepublik Deutschland. So mußte er in seinem Gedächtnis nach geeigneten Personen, Vorfällen und Zitaten kramen.

Er fing bei den alten Griechen an. Antigone war hier das leuchtende Beispiel einer Gehorsamsverweigerung: Sie bestattete ihren Bruder entgegen dem Befehl des Königs. Dann war Kleists Prinz von Homburg nicht zu übersehen, der entgegen dem Befehl des Königs in den Kampf zog und dabei sogar einen glänzenden Sieg erfocht, vom König aber dann wegen Befehlsverweigerung zum Tode verurteilt wurde; nur die Einsicht in das Unrechtmäßige seines Handelns bewahrte ihn in letzter Minute vor der Hinrichtung. Michael Kohlhaas durfte natürlich nicht fehlen, der bis zur Selbstvernichtung gegen das Unrecht kämpfte, das ihm der sächsische Junker Zaschwitz angetan hatte. Mit der Erörterung des dramatischen 20. Juli 1944 wurde Burbinger nicht mehr ganz fertig. Er erlaubte sich jedoch noch die Frage, ob es, wenn man den Tyrannen selbst töten dürfe, auch erlaubt sei, dabei das Leben Unschuldiger zu gefährden. Zum Schluß wies er darauf hin, daß es nicht so viele Kriegswitwen und Kriegswaisen und nicht so viele zerstörte Städte gäbe, wenn Hitlers Generale weniger Gehorsam geübt und mehr Gehorsamsverweigerung riskiert hätten.

Gespannt wartete Burbinger nun am Montag auf die Reaktion des Kompaniechefs. Nach der Postverteilung beim Mittagsappell hieß es nur noch: „Soldat Burbinger, sofort zum Kompaniechef!" Das Klima hatte sich verschlechtert, und der Kompaniechef war kurz angebunden: „Sie sind, das muß ich Ihnen ganz deutlich sagen, der reinste Anarchist. Ihren Aufsatz kann ich nicht herzeigen, den nehmen Sie am besten wieder mit. Ich habe die Geschichte nun auf dem Dienstweg weitergemeldet. Sie werden erfahren, wie es weitergeht."

Wie es weitergehen sollte, erfuhr Burbinger durch eine Mitteilung des „Truppendienstgerichtes". Dieses Spezialgericht besteht aus zwei militärischen Beisitzern und einem richterlichen Mitglied als Vorsitzendem. In diesem allmählich bedenklich gewordenen Stadium seines Falles suchte der „Beschuldigte", so wurde Burbinger inzwischen bezeichnet, meinen anwaltschaftlichen Beistand.

Ich hielt es für sinnvoll, zunächst ein inoffizielles Gespräch mit dem richterlichen Vorsitzenden zu führen. Dieser, ein altgedienter Soldat aus der Hitler-Wehrmacht, der nach dem Krieg noch seine juristischen Examina hinter sich gebracht hatte, war zwar ein wenig verwundert, daß hier ein „ziviler Anwalt" auftauchte, doch das Gesetz gestattet nun einmal jedem Beschuldigten, „in jeder Lage des Verfahrens" sich eines Verteidigers zu bedienen. Die Gesprächsatmosphäre lockerte sich allmählich, zumal der Richter ja auch testen wollte, welche Anträge und Argumente von meiner Seite zu erwarten seien.

Die Sache erledigte sich überraschend schnell und einfach: Bei unserem inoffiziellen Rechtsgespräch stellte sich heraus, daß Burbinger mit seiner damaligen Erwiderung gegenüber dem Gefreiten Oberberger – „Das können Sie mir gar nicht befehlen" – mehr recht hatte, als er wohl geahnt haben mochte. Ein Gefreiter ist nämlich nicht automatisch Vorgesetzter, er wird es nur, wenn der wirkliche Vorgesetzte ihn mit einer bestimmten Aufgabe ausdrücklich betraut. Diese bestimmte Aufgabe sollte hier die Leitung der Schießübung sein. Aber diese Beauftragung muß vor versammelter Mannschaft bekanntgemacht werden. Das war im vorliegenden Fall unterblieben, jedenfalls nicht zu beweisen. Also handelte Oberberger bei seinem Pistolenaufhebebefehl ohne militärische Befehlsgewalt, und daher konnte die Weigerung Burbingers nicht eine strafbare Verweigerung gegenüber einem rechtmäßigen und wirksamen Befehl sein.

Diese Argumentation scheint ein wenig gekünstelt und lebensfremd. Ich hatte aber den Eindruck, der Richter war froh, daß er diesen Fall, von dem er ja nicht wissen konnte, wie er sich noch ausweiten und womöglich noch die Presse beschäftigen würde, auf eine solche – wie er meinte – elegante Weise loswurde. Dazu kam noch, daß Burbingers Wehrpflichtdienstzeit inzwischen vorbei war, so daß noch die Frage zu klären gewesen wäre, ob ein ins Zivilleben zurückgekehrter Wehrpflichtiger vom Truppendienstgericht überhaupt noch belangt werden könne.

Ich stimmte diesen Überlegungen des Truppendienstgerichts-Kammervorsitzenden natürlich gern zu. Das Verfahren gegen den Beschuldigten Burbinger wurde eingestellt.

Die Kosten hatte die Staatskasse zu tragen. Zu diesen Kosten gehören auch – und das war eine kleine Genugtuung für meinen inzwischen zum stud. phil. avancierten Mandanten – die Gebühren und Auslagen des Verteidigers.

Die Schreibgebühr

6½ Prozent von 500000 DM machen für einen Tag rund 100 DM aus. Darum handelt es sich im folgenden Fall. Außerdem spielt dabei auch noch ein sehr korrekter Justizamtmann eine wichtige Rolle.

Wir führten für einen Einzelkaufmann Anfang der 50er Jahre beim Oberlandesgericht München einen Prozeß über 500000 DM: Ein großes Farbherstellungsunternehmen hatte in einer komplizierten Grundstückskauf- und Erbgeschichte nicht zahlen wollen oder nicht zahlen zu müssen geglaubt, und so hatten wir eben, schweren Herzens, das Risiko einer Klage auf uns genommen und den Prozeß Gott sei Dank auch gewonnen.

Als das Urteil verkündet wurde, atmete unser Mandant hörbar auf, eine jahrelange Last war ihm von der Seele genommen. Mit seiner Bank in Nordbayern hatte er eine Vereinbarung getroffen, deren Einzelheiten ich nicht mehr weiß. Der Kern der Abmachung war, daß die Bank sofort 6½ Prozent Jahreszinsen für irgendeine Anlage oder Beteiligung oder Kreditabdeckung zahlt, sobald ein obsiegendes Urteil in dieser Sache „vorliegt". Darunter verstand das Geldinstitut, daß es die schriftliche Urteilsbegründung sehen wollte, um sich mit Hilfe seines Justitiars selbst ein Bild darüber machen zu können, ob das Urteil hieb- und stichfest sei und nicht etwa vom Gegner mit der Revision erfolgreich angefochten werden könne.

Mit der schriftlichen Begründung von Urteilen war es nun schon von jeher so eine Sache. Derlei dauert oft viele Wochen. Der die Schreibkräfte dirigierende Amtmann erklärte mir, daß er die Urteile, „wie sie kommen, der Reihe nach" schreiben lasse, er könne natürlich niemanden bevorzugen.

Gegen diesen Grundsatz angewandter Gerechtigkeit konnte schon theoretisch nicht viel eingewendet werden, praktisch war dagegen überhaupt nichts zu machen. Der Amtmann erklärte uns, daß es „nur" etwa vier Wochen dauern werde, bis das Urteil geschrieben und zugestellt sei. Daß hiermit ein Zinsverlust von 100 DM für jeden Tag der Verzögerung verbunden war, wußte der Amtmann natürlich nicht, es hätte ihn sicher auch nicht interessiert. Für rund vier Wochen waren das an die 3000 DM, und das war damals viel Geld.

Ich mußte also versuchen, schon früher zu einer Urteilsausfertigung zu kommen, und begab mich deshalb noch einmal zum Amtmann. Er war wieder recht freundlich, aber er könne auf keinen Fall eine Ausnahme machen. „Das müssen Sie verstehen, wo kämen wir sonst hin!"

Nun hatte ich eine rettende Idee. Ich bot dem Justizamtmann an: Wir bringen unsere eigene Sekretärin her und lassen sie das Urteil aus der handschriftlich ja vorliegenden Urfassung abschreiben. Der Amtmann zog die Augenbrauen hoch und dachte etwa eine halbe Minute lang über diesen überraschenden Vorschlag nach. „Das müßte eigentlich gehen, dagegen gibt es ja keine Vorschrift ..." Also telefonierte ich in unser Büro, es möge gleich eine Schreibkraft kommen, sie müsse ein Urteil abschreiben, etwa 30 Seiten. Als die Sekretärin schon auf dem Weg war, fiel dem Amtmann ein, daß sie auch eine Schreibmaschine mitbringen müsse, denn in seinem Schreibbüro sei keine mehr frei. Also telefonierte ich nochmals in mein Büro, unser Bürogehilfe möchte gleich mit einer Schreibmaschine zum Justizpalast kommen. Als beide auf dem Weg waren, meinte der Amtmann, auf einer Privatmaschine dürfe eigentlich kein amtliches Papier verwendet werden, wir möchten doch unser eigenes Schreibmaschinenpapier mitbringen. So machte sich auch noch das Lehrmädchen auf und brachte hundert Blatt Papier. Dann klappte es aber.

Es dauerte einige Stunden, bis das Urteil geschrieben

war. Und nun folgte etwas Imponierendes: Die Abschrift mußte nämlich, um beglaubigt werden zu können, vom Amtmann auf die Übereinstimmung mit der Urschrift hin überprüft werden. So machte sich der Amtmann, ohne im geringsten zu zögern, ans Werk, obwohl es schon 5 Uhr nachmittags vorbei war. Über eine Stunde lang „kollationierte" er mit mir und meiner Sekretärin Wort für Wort, und unsere Bürokraft war sehr stolz darauf, daß sie nicht eine einzige Abweichung von der Vorlage sich hatte zuschulden kommen lassen. „Respekt", sagte der Amtmann anerkennend, „wenn wir nur auch immer so tüchtige Leute hätten." Dann setzte er Unterschrift und Dienstsiegel darunter.

„Aber aushändigen kann ich Ihnen diese Abschrift noch nicht", sagte er nun zu meiner Überraschung, „vorher müssen 13,20 DM Schreibgebühren entrichtet werden, für jede Seite 40 Pfennige. Wenn nämlich der Revisor kommt, dann kriege ich Schwierigkeiten, wenn er feststellt, daß hier eine Abschrift ohne Gebühren erstellt wurde."

Ich wollte nun einwenden, daß es doch einigermaßen pervers sei, wenn wir für die von unserer eigenen Sekretärin mit unserer eigenen Maschine auf unser eigenes Papier geschriebene Abschrift noch Schreibgebühren an die bayerische Justiz zahlen müßten. Es war aber, wie sich gleich zeigen sollte, gut, daß ich diesen Einwand hinunterschluckte und das Wohlwollen des Amtmannes nicht aufs Spiel setzte. Ich wollte nämlich die 13,20 DM sofort zahlen. „Das geht nicht, wir dürfen kein Bargeld annehmen, die Gebühren müssen in Gerichtskostenmarken entrichtet werden, und Gerichtskostenmarken gibt es auf der Gerichtskostenmarkenverkaufsstelle im Erdgeschoß, die wird aber schon zuhaben, denn es ist 6 Uhr vorbei."

Was nun? Ich setzte meinen guten Ruf aufs Spiel, das Letzte, was ich hier noch zur Verfügung hatte, und versprach dem Amtmann auf Anwaltsehre, daß ich gleich morgen früh die Gerichtskostenmarken persönlich zu ihm bringen würde. Er solle mir bloß um Himmels willen die

Abschrift geben, die Bank warte, und jeder Tag Verzug bedeute praktisch 100 DM Verlust.

Ich rechne es mir heute noch als besondere Auszeichnung an, daß mein guter Ruf ausreichte, um dem Amtmann das Risiko einer Herausgabe der Abschrift sozusagen auf Kredit annehmbar erscheinen zu lassen. „Ja, also, weil Sie es sind, aber enttäuschen Sie mich nicht ...", sagte er vertrauensvoll. „Aber woher denn!" versicherte ich und rannte zum Nachtpostamt am Hauptbahnhof, um die Abschrift per Expreß auf den Weg zu bringen.

Am nächsten Morgen war mein erster Gang zur Gerichtskostenmarkenstelle und mein zweiter zu jenem Amtmann, bei dem ich mich nur mit Worten für sein Entgegenkommen und sein Vertrauen bedanken konnte, denn irgendein kleines Geschenk für seine Freundlichkeit hätte er natürlich abgelehnt. So konnte ich mich nur herzlich verabschieden und erntete sogar die aufmunternden Worte: „Wenn es wieder einmal ist, Herr Rechtsanwalt, dann kommen Sie nur ...".

Unsoziale Prozente

Die Firma „Philipp Putzlinger & Co. KG, Herstellung von Sonnen- und Regenschirmen“ hatte einen stellvertretenden Personalstellenleiter, der stolz auf die Kartei war, die er in jahrelanger Arbeit aufbereitet hatte. Darin waren alle Frauen und Mädchen vermerkt, die zwischendurch schnell einmal mit ein paar Stunden Verpackungsarbeit ein paar Mark verdienen wollten. Auf diese Art konnten rasch Hilfskräfte mobilisiert werden, wenn eine Regenschirm-Hausse ausbrach und das festangestellte Personal der Versandabteilung nicht mehr ausreichte. Mit ihren „Verpakkungs-Feuerwehrdamen“, die meist per Telefon herbeigerufen wurden, hatte die Firma noch jeden Versandengpaß bewältigt.

Der Chef wußte das zu schätzen und behandelte die Hilfskräfte sehr zuvorkommend. Er rundete am Wochenende die verschiedenen einzelnen Lohnsummen immer ein bißchen auf. Wer zum Beispiel für 78,80 DM gearbeitet hatte, bekam 80 DM, und bei 119 DM änderte er persönlich mit Rotstift die Zahl in 120 DM. Herr Putzlinger wollte einmal als wirklich freier Unternehmer den Genuß erleben, etwas nicht nach starrem Vertrags- oder Tarifschema zahlen zu müssen, sondern völlig freiwillig. Geberlaune eines Self-made-man.

Eines Morgens meldete sich der Betriebsratsvorsitzende bei Herrn Putzlinger, begleitet vom Vertrauensmann aus der Lohnabrechnungsstelle. Die Herren machten ein so ernstes Gesicht, daß Putzlinger sie bat, Platz zu nehmen. „Wo fehlt's denn? Haben Sie etwas auf dem Herzen?“ „Auf dem Herzen auch, aber hauptsächlich haben wir etwas in der Tasche“, antwortete der Herr aus der Lohnbuchhaltung arg selbstsicher. Er packte fünf DIN-A3-Seiten aus, auf denen der Computer alle Aushilfskräfte aufgelistet hatte, nicht nach dem Alphabet, sondern nach einem nicht gleich erkennbaren Prinzip: Es waren bei jeder Aushilfe in eigenen Spalten die über den vereinbarten Lohn hinaus gezahlten Beträge angegeben, dazu eine Prozentzahl, die festhielt, wieviel Prozent diese Überzahlung ausmachte. Wer 50 DM statt 48 DM bekommen hatte, also um 2 DM mehr, der bekam den Vermerk „4,17 Prozent". Wer aber 100 DM statt 98 DM, also auch um 2 DM mehr bekommen hatte, bekam den Vermerk „2,04 Prozent". „Sie sehen also, Herr Direktor, daß hier verschieden hohe Gratisleistungen erbracht wurden, und das widerspricht der Rechtsprechung des Bundesarbeitsgerichts, wonach freiwillige Leistungen nicht willkürlich unterschiedlich gegeben werden dürfen."

Putzlinger überlegte einen Moment: „Auf diese Idee bin ich noch gar nicht gekommen. An sich kann ich doch eigentlich mein Geld verschenken, wie ich will. Es wurde ja niemandem etwas vorenthalten, was vereinbart war." Nach einer Weile fuhr er fort: „Ich werde mir die Sache überlegen. Worauf wollen Sie eigentlich hinaus?" „Wir haben den Computer ausrechnen lassen, wieviel das ausmacht, wenn alle gleichhohe Zusatzprozente bekommen. Hier ist die Liste: Für die letzten drei Jahre ist das eine Nachzahlung von 8270,80 DM." „Also, wie gesagt, ich werde mir die Sache überlegen; kommen Sie in einer Woche wieder."

Gleich am nächsten Tag kam Putzlinger zu mir. Er brachte die fünf DIN-A3-Seiten mit, die ihm der Betriebsrat so schön ausgedruckt hatte. Er wolle nur „zur Vorsicht" fragen, ob er auf das überraschende Ansinnen des Betriebsrats überhaupt reagieren solle. Ich mußte ihm sagen, daß er darauf sehr wohl reagieren müsse. Unsere Rechtsprechungssammlung enthalte Dutzende von Urteilen, in denen immer wieder entschieden worden sei, daß übertarifliche und übervertragliche freiwillige Leistungen nicht willkürlich und ermessensmißbräuchlich gewährt werden dürften. „Gleichheit für alle vergleichbaren Fälle", heiße es in den Gerichtsentscheidungen immer wieder.

Der Betriebsratvorsitzende hatte das alles offenbar schon vorher gewußt und kam daher nach einer Woche mit erwartungsvoller Miene wieder. Diesmal bot ihm Putzlinger keinen Platz an: „Wir können die Sache kurz machen. Ich habe mich erkundigt, die Arbeitsgerichte stehen vermutlich auch in unserem Fall auf Ihrem Standpunkt. Ich will keinen Streit. Wieviel die Nachzahlung wirklich ausmacht, lasse ich noch ausrechnen. Ein Teil ist sicher verjährt. Außerdem wird wahrscheinlich gar nicht jede Aushilfsdame auf die Nachzahlung von ein paar Märkern Wert legen. Wir brauchen also eine neue Liste, aber die werde ich selbst zusammenstellen lassen, da brauchen Sie sich nicht weiter zu bemühen." So blieben noch 3800 DM übrig, und diese mußte der Herr Arbeitgeber Putzlinger tatsächlich drauflegen.

Seither geht jeden Freitag ein Azubi schon am frühen Morgen zur Bank und holt für 300 DM einen Sack voll Zehnerl, Fünferl und Kupfermünzen, damit am Nachmittag jede Aushilfskraft, auf den Pfennig genau, ihre vereinbarte Vergütung bekommt: 132,80 DM, 199,80 DM, 208,93 DM ...

Warum der Chef plötzlich so knickrig und unsozial geworden sei, fragte die eine oder andere hinter vorgehaltener Hand. Putzlinger erfuhr das natürlich und erklärte fortan allen, die es wissen wollten, mit wichtiger Miene: „Das ist eine hochjuristische Angelegenheit, meine Damen, die lassen Sie sich am besten von Ihrem Herrn Betriebsratsvorsitzenden erklären."

Zwei Anstreicher vor dem Sondergericht

1937 war der nationalsozialistische Terror so richtig eingespielt und funktionierte reibungslos. Vor allem funktionierte der mit der äußeren Form der Justiz getarnte Terrorapparat, nämlich die Sondergerichte. Tag für Tag wurden Leute, meist kleine Leute, abgeurteilt, weil sie gemeint hatten, Hitler bringe uns den Krieg, und in Dachau würden Leute erschlagen, oder weil sie gar Flugblätter verteilt oder einen zu guten politischen Witz erzählt hatten.

Ich war in diesem Jahr Gerichtsreferendar am Landgericht München I und hatte „zum Zwecke der Ausbildung" sogenannte Pflichtverteidigungen zugeteilt bekommen, das heißt, man hatte, obwohl eigentlich Beamter, die Rolle eines unabhängigen Verteidigers irgendeines armen Schlukkers zu übernehmen, der sich keinen Rechtsanwalt leisten konnte. Wir Referendare, die damals – anders als heute – keinen Unterhaltszuschuß erhielten, waren darüber gar nicht so unglücklich, denn wir bekamen pro Verteidigung 40 Reichsmark aus der Staatskasse.

Im Zuge dieser Praxis wurden mir zwei Anstreicher zugeteilt, die seit Monaten schon in Untersuchungshaft saßen und nun in öffentlicher Hauptverhandlung vor dem Sondergericht München abgeurteilt werden sollten. Ihr Verbrechen bestand darin, daß sie, während sie für die Winterolympiade in Garmisch-Partenkirchen Stangen und Bretter anzustreichen hatten, sich über die Verhältnisse in München unterhalten hatten. Anstreicher kommen ja, wie Taxifahrer und Friseure, mit vielen Leuten zusammen und erfahren viele Dinge, die in einer Diktatur das Licht der Öffentlichkeit zu scheuen haben.

So hatten die beiden sich über die sogenannten Künstlerfeste unterhalten, die immer wieder einmal im Künstlerhaus am Lenbachplatz in München stattfanden. Dort hatten sie auch irgendwelche Anstreicher- oder Dekorationsarbeiten zu leisten gehabt und daher einige Beobachtungen gemacht. Im Künstlerhaus tummelte sich nämlich die Münchner NS-Prominenz bei „tollen“ nächtlichen Festen mit Künstlern und Künstlerinnen, eine besondere Rolle spielten dabei manche Damen vom Ballett des Gärtnerplatztheaters, der von Hitler so nachhaltig geförderten wohl einzigen Staatsoperette der Welt.

Bei diesen Festen herrschte nicht mehr Ausgelassenheit als bei solchen Festen auch in anderen Zeiten immer schon geherrscht hatte. Freilich schwelgten sie nicht in dem Enthusiasmus und dem darstellerischen Glanz etwa der Dionysischen Zusammenkünfte im alten Griechenland oder der verzückten Maskenbälle der Renaissance. Sie waren, wie der ganze Nationalsozialismus, spießig und plump. Es ging dort weiter nichts als laut und besoffen zu. Besonders hervorgetan hat sich dabei neben dem großsprecherischen Gauleiter und Innenminister Adolf Wagner der ehemalige Hausmeister im „Blauen Bock“ am Viktualienmarkt Christian Weber, der nun als hoher SS-Führer in den Räumen der ehemals königlichen Residenz wohnte, ein ungewöhnlich dicker und plumper Saufian, der sich unter anderem den Daglfinger Pferdesport und die dazugehörigen Pferdezucht-Organisationen unter den Nagel gerissen hatte. In Anlehnung an einen auch in Buchform erschienenen Bericht aus der Zeit der sogenannten Machtübernahme „Vom Kaiserhof zur Reichskanzlei“ war in München der auf Weber gemünzte Spruch zu hören: „Vom Blauen Bock zur Residenz“.

Über diese Bonzen-Festivitäten also hatten sich meine beiden Pflichtmandanten, während sie die olympischen Bretter in Garmisch strichen, unterhalten, und dabei hatte der eine die anschauliche Wendung gebraucht: „Der Gauleiter Wagner hat auch einen olympischen Rekord. Er kann im Künstlerhaus zugleich saufen, schnarchen und ...“.

Dieses letzte Wort war das eigentlich gravierende und wird nicht gern zu Papier gebracht. Der Leser mag aus seinem Wortschatz die passende Formulierung ergänzen.

Ein Sporthilfslehrer, der im Auftrag des Olympischen Komitees die Bauarbeiten an der Tribüne zu beaufsichtigen hatte, hielt es für eine nationale Notwendigkeit, diese Äußerung dem Ortsgruppenleiter zur Kenntnis zu bringen.

Die Anklage lautete auf Zuwiderhandlung gegen § 3 der Verordnung des Reichspräsidenten „zur Abwehr heimtükkischer Angriffe gegen die Regierung der nationalen Erhebung" vom 31. März 1933: „Wer vorsätzlich eine unwahre oder gröblich entstellte Behauptung tatsächlicher Art aufstellt oder verbreitet, die geeignet ist, das Wohl des Reichs oder eines Landes oder das Ansehen der Reichsregierung oder der hinter dieser Regierung stehenden Parteien oder Verbände schwer zu schädigen, wird mit Gefängnis bis zu zwei Jahren ...".

Ich durfte die beiden, natürlich getrennt, unter vier Augen sprechen. Es waren kleine Leute, Mitte Zwanzig, sie hatten recht und schlecht in einem Vorort von München ihre Lehre hinter sich gebracht und waren nun froh, durch das „Arbeitsbeschaffungsprogramm des Führers" wieder in Arbeit gekommen zu sein. Der eine war verlobt, und seine Braut hatte mir einen langen Brief geschrieben, den ich aber natürlich nicht weitergeben durfte.

Über die Sache selbst war nicht viel zu erzählen. Die beiden hatten offene Augen und offene Ohren und das unverbildete Beobachtungsvermögen von Handwerkern, zu deren Berufseigentümlichkeit es ja gehört, ein bißchen genauer hinzuschauen als die Studierten. So war ihnen bei den Arbeiten im Künstlerhaus nicht entgangen, was die NS-Spießer so alles trieben. Es könne schon sein, so meinten sie, daß sie sich in Garmisch darüber unterhalten hätten, aber es sei ja „alles wahr", und deshalb könnten sie doch nicht verurteilt werden, meinten sie. Ich wollte noch wissen, ob sie bei ihrer Malerei getrunken hätten, vielleicht war, so dachte ich, mit alkoholbedingter geminderter Zurechnungsfähigkeit etwas zu machen. Aber außer einigen Halben Helles war hier nichts los.

Um 15 Uhr begann die Hauptverhandlung auf Zimmer 211 im Justizpalast. Sie trottete träge und ohne besondere Wellenschläge dahin: Vernehmung zur Person, Verlesung der Anklageschrift, Äußerung der Angeklagten, die die ihnen zur Last gelegte Redewendung abstritten, jedenfalls nicht so gemacht haben wollten, wie sie in der Anklage stand. Der Vorsitzende tat nicht lange herum, denn vor der Tür wartete ja der Zeuge, jener Sporthilfslehrer. Der wiederholte dann klipp und klar, was er schon im Ermittlungsverfahren zu Protokoll gegeben hatte: Es bestehe kein Zweifel daran, daß die beiden geäußert hätten: „Der Gauleiter Wagner hat auch einen olympischen Rekord ...".

Zu dieser Zeugenaussage durfte ich nun Fragen stellen: „Wer von den beiden hat diese Äußerung getan?" Der Zeuge blickte die beiden genauer an, die ja nun keine weißen Mäntel anhatten und kein besonders auffälliges Bild boten. Das könne er nicht sagen, aber feststehe, daß die beiden unseren Gauleiter geschmäht hätten, das könne er beeiden. Er beeidete es auch.

Hier sah ich nun eine gewisse Chance für meine im übrigen ja aussichtslose Verteidigung. Nachdem der Staatsanwalt in einem Zweiminutenplädoyer eine mehrmonatige Gefängnisstrafe für die beiden wegen „heimtückischer Angriffe auf eine hohe Persönlichkeit der NSDAP, zugleich Mitglied der bayerischen Staatsregierung", verlangt hatte, bekam ich das Wort erteilt.

In Erinnerung an das, was ich über die Methode juristischer Darlegungen gelernt hatte, fing ich mit einer kurzen Erörterung des objektiven Sachverhaltes an und meinte, nach dem Wortlaut des Gesetzes müsse ja zunächst wohl einmal untersucht und gerichtlich festgestellt werden, ob es sich bei jenen anklagegegenständlichen Äußerungen um

„eine unwahre oder gröblich entstellte Behauptung tatsächlicher Art“ handle. Nur dann gestatte die der Anklage zugrundeliegende Bestimmung eine Verurteilung. Dafür könnten doch, so meinte ich, der Leiter des Künstlerhausetablissements und der Chef des Bedienungspersonals dort und vielleicht auch die Bedienungen gehört werden.

Nun passierte etwas, was wir uns in unserem demokratischen Rechtsstaat gar nicht mehr vorstellen können: Der rechte Beisitzer unterbrach mich während meines Verteidigungsplädoyers. Ob er recht gehört habe, solle das vielleicht auf eine Art Wahrheitsbeweisantrag hinauslaufen, oder was sonst? Ich sei mir als Referendar doch wohl dessen bewußt, daß ich nicht meinerseits staatsabträgliche Äußerungen machen dürfe, auch nicht während einer Verteidigungsrede.

Ich hatte nun nicht den Mut, einen formellen Beweisantrag über die Verhältnisse bei NS-Festen im Künstlerhaus zu stellen und zog mich in meinen weiteren Erörterungen darauf zurück, daß der Nachmittag ja schon ziemlich weit fortgeschritten sei und ich die Zeit der Herren Richter nicht über Gebühr in Anspruch nehmen wolle und daß ja ohnedies die Feststellung objektiver Tatsachen aufgrund des Amtsermittlungsprinzips, das unserem Strafprozeß zugrundeliege, die Sache des Gerichts sei und daß sicher von Amts wegen alles geschehen sei oder noch geschehen werde, was dazu nötig sei. Ich bäte, zu einem weiteren Punkt meiner Verteidigungsrede kommen zu dürfen.

Dieser Punkt betraf das Alternativproblem. Wenn nämlich nicht feststeht, wer von zwei Personen eine Tat begangen hat, kann keine von beiden verurteilt werden. Dann muß jeweils zugunsten des einen unterstellt (nicht festgestellt) werden, daß es der andere war. „Ich muß daher um Freispruch für beide Angeklagten bitten.“

Nunmehr kam die Überraschung dieses nur scheinbar gewöhnlichen Falles: Das Gericht folgte meinem Argument und sprach beide frei. Die Begründung war kurz. Aufgrund der an sich ja glaubwürdigen Aussage des Zeugen lasse sich nicht feststellen, welcher von beiden Angeklagten jene staatsabträgliche Äußerung getan habe. In solchen Fällen könne nach feststehender Rechtsprechung kein individueller Schuldnachweis als erbracht angesehen werden und müsse Freisprechung beider erfolgen. „Die Haftbefehle werden daher aufgehoben."

Dieses Urteil war, wie alle Urteile der Sondergerichte, sofort rechtskräftig. Ich gratulierte den beiden, die ganz erlöst aufschnauften und sich erst ihrer wiedergewonnenen Freiheit bewußt werden mußten. So gingen wir zur Türe des Gerichtssaales, um in den Gang hinauszutreten. Dort standen zwei SS-Männer mit geschultertem Gewehr. Sie erklärten militärisch knapp, sie hätten einen Schutzhaftbefehl der Gestapo-Leitstelle München gegen die beiden Anstreicher, und ich solle mich entfernen. Dann nahmen sie die zwei in die Mitte und gingen den Gerichtsgang entlang zum Aufzug. Meine freigesprochenen Mandanten konnten kein Wort erwidern, sie drehten sich nur noch einige Male hilfesuchend nach mir um. Ich habe von ihnen nie mehr etwas gehört.

Soziales Öl

Nicht jedes gerichtliche Klageverfahren endet mit einem Urteil. Viele enden mit einem Prozeßvergleich. Dabei gibt jeder ein bißchen nach, und der Richter protokolliert den Vergleich und beendet damit den Prozeß. Das ist oft vernünftiger und letzten Endes auch gerecht, denn nicht selten hat eben jede der Parteien ein wenig recht und ein wenig unrecht.

Die Richter sind nun verständlicherweise auch aus persönlichen Gründen bestrebt, solche Vergleiche zustandezubringen. Sie sparen sich damit die Arbeit, ein Urteil zu machen. So laden sie die beiden Parteien vor und erklären ihnen, daß die Sache gar nicht so klar sei, und daß auch der, der den Prozeß in dieser Instanz gewinne, noch keineswegs wissen könne, wie die oberen Instanzen entscheiden würden.

Solche Vergleichsbemühungen werden von der Justiz und sogar vom Gesetz unterstützt: Bei der Beurteilung der Arbeitsleistung eines Richters bringt ein Vergleich ebensoviele Punkte wie ein Urteil, und im Gesetz heißt es ausdrücklich: „Das Gericht soll in jeder Lage des Verfahrens auf eine gütliche Beilegung des Rechtsstreits oder einzelner Streitpunkte bedacht sein."

Nun gibt es Fälle, die so verwickelt und langwierig sind, daß das Gericht mit besonderem Nachdruck auf eine vergleichsweise Erledigung drängt und die Parteien sozusagen ein wenig vergewaltigt. Das gilt besonders dann, wenn ein auf Schadenersatz Verklagter versichert ist, wenn also letzten Endes die Schadensversicherung das zahlen muß, wozu der Verklagte, vielleicht, verurteilt wird.

So ein Fall spielte sich vor Jahren vor einem bayerischen Landgericht ab. Ein Steuerberater war wegen angeblich falscher Beratung auf 60000 DM Schadenersatz verklagt worden. Der Streit dauerte schon fünfeinhalb Jahre, er hatte bereits das Oberlandesgericht und sogar den Bundesgerichtshof in Karlsruhe beschäftigt und war „zur erneuten Verhandlung und Entscheidung" ans Landgericht zurückverwiesen worden, zur Urteilsnachbesserung sozusagen. Die Gerichte waren sich gar nicht darüber einig, ob der Steuerberater wirklich eine falsche Auskunft gegeben hatte. Dazu kamen noch verwickelte Verjährungsprobleme und ein halbes Dutzend steuerrechtlicher Gutachten, bei denen vor allem ausländisches Steuerrecht eine Rolle spielte.

Der Leser wird verstehen, daß das mit dieser leidigen Sache befaßte Landgericht nun mit größter Energie auf einen Vergleich zusteuerte. Das war mir auch klar, und so fragte ich als Prozeßbevollmächtigter des verklagten Steuerberaters schon vorweg bei dessen Haftpflichtversicherung an, ob im Hinblick auf die zu erwartenden gerichtlichen Vergleichsvorschläge ein Vergleich abgeschlossen werden könne. Die Antwort war ein kompromißloses Nein. Der Prozeß stehe gar nicht so schlecht, die Richter sollten sich nur ordentlich Mühe geben. So erklärte ich also in der nächsten mündlichen Verhandlung, daß ein klageabweisendes Urteil erbeten werde, ein Vergleich werde von meiner Partei nach wie vor abgelehnt.

Der Vorsitzende war enttäuscht, ja sogar ein wenig verärgert und meinte, daß man dann eben den zuständigen Herrn der Haftpflichtversicherung vor Gericht „laden" oder wenigstens zur nächsten Sitzung einladen und mit ihm die Vergleichsfrage persönlich besprechen wolle.

So geschah es auch. Zum nächsten Termin erschien der bevollmächtigte Justitiar der Haftpflichtversicherung, und der Vorsitzende erklärte in einer längeren Rede, wie schwierig und für beide Parteien unsicher der Prozeß doch sei. Dann gebrauchte er wieder einmal seine für solche Fälle immer bereitgehaltene Floskel: „Ich meine, eine so große Versicherung wie die Ihre kann doch den gerichtlichen Vergleichsvorschlag – 15 000 DM und hälftige Teilung der Prozeßkosten – leicht verkraften.“ Die Klägerin sei ja schließlich eine schwergeprüfte Witwe, sie habe mit ihrem Disco-Laden Schiffbruch erlitten und müsse demnächst Sozialhilfe beantragen. „Ich meine, hier könnte die Versicherung ein bißchen soziales Öl in die knarrende Prozeßmaschine träufeln.“

„Sehr wohl, meine Herren Richter“, begann der Versicherungsjustitiar, und sein rheinländischer Dialekt ließ schon diesen ersten Satz besonders angenehm erklingen. „Unsere Versicherung und ich persönlich begrüßen soziale Haltung und soziale Handlungsweisen immer auf das nachdrücklichste.“

„Na also“, entfuhr es dem sichtlich erleichterten Vorsitzenden, und er sah mich mißbilligend an, als wolle er sagen: „Wir müssen nur mit dem Schmied selbst reden, nicht mit dem Schmiedlein, dann läuft die Sache schon.“

Die Laune des Vorsitzenden verfinsterte sich jedoch rasch, als der Versicherungsjurist fortfuhr: „Soziale Leistungen sind immer zu begrüßen. Aber, meine Herren Richter, Sie können dafür nicht fremdes Geld verwenden. Parlamentarier freilich pflegen hier recht großzügig zu sein, sie müssen ja dem Steuerzahler nie Rechenschaft geben. Die Gelder der Versicherungen hingegen sind Gelder der Versicherten, und wir müssen jedes Jahr die Zahlen auf den Tisch legen. Mit ‚sozialem Öl‘ können wir in der Generalversammlung keine Entlastung erreichen. Ich habe daher einen anderen Vorschlag, der sich in der Richtung des gerichtlichen Vorschlags bewegen dürfte.“ Nach diesem Satz zog er seine Brieftasche heraus und entnahm ihr einen nagelneuen Tausendmarkschein. Den legte er auf den Tisch und erläuterte seine überraschende Geste: „Dieser Prozeß hat schon an die fünfzehn Richter und Anwälte beschäftigt. Wenn jeder aus seiner Tasche 1000 DM zahlt, sicher kein unzumutbarer Betrag, dann hat die Klägerin jene 15 000 DM ‚soziales Öl‘, das der Herr Vorsitzende so nachdrücklich empfiehlt, und wir können uns alle freuen, persönlich einen Tropfen dieses Öles gestiftet zu haben. Was meinen Sie dazu?"

Pause. Man war betroffen. Was Richter sich im Innersten denken, ist aus ihren Mienen kaum abzulesen. Hier jedoch war unschwer zu erkennen, daß sich auf der Richterbank äußerste Verlegenheit breit zu machen begann.

Da der Vorschlag auch für mich überraschend gekommen war, formulierte ich, zunächst einmal stumm, eine im Grunde zustimmende, aber doch nicht allzu verbindliche Erklärung: Falls der Vorschlag akzeptiert werde, würde ich mich – selbstverständlich – anschließen. Mir war dabei klar, daß das so sozial geölte Gericht letzten Endes nicht mitmachen werde.

Schließlich verfügte der Vorsitzende eine kleine Beratungspause. Als das Gericht den Saal wieder betrat, verkündete er einen kurzen Beschluß: „Das von der Versicherung vorgeschlagene Verfahren findet leider im Gesetz und in der Verfahrensordnung keine Stütze. Daher wird das Gericht erneut beraten und in etwa zwei Monaten den Beteiligten die gerichtliche Entscheidung bekanntgeben."

Der Versicherungsjurist nahm seinen Tausendmarkschein wieder an sich, und wir verließen ohne weitere Debatte den Gerichtssaal. Nach zwei Monaten erging die Entscheidung: Mit einer langen und umständlichen Begründung wurde die Klage der Witwe abgewiesen, und alle dagegen eingelegten Rechtsmittel blieben ohne Erfolg.

Füllfederhalter für Tote

Jeden Morgen, außer an Sonn- und Feiertagen, kam Detlev Schaub gegen 9 Uhr ins Café Gregorius. Die blonde Elfriede wußte schon, was er wollte: ein großes Frühstück, das heißt, eines mit Ei und Salami, und dazu alle sechs Tageszeitungen, die die Direktion abonniert hatte. Denn Detlev Schaub las nur die Zeitungen, nicht, wie andere Gäste, die buntbebilderten Illustrierten mit ihren großflächigen Nichtigkeiten.

Elfriede hatte nach und nach einen Gesprächsfaden zu Detlev gesponnen. Es war ihr nämlich aufgefallen, daß ihr Gast vor allem nach den Todesanzeigen sah. Als sie nun einmal fragte, warum er gerade diese traurigen Seiten so sorgfältig studiere, hatte Detlev eine überzeugende Erklärung zur Hand: Er schreibe, unter einem Pseudonym natürlich, in der Wochenendspalte zweier Boulevardblätter jeweils die Glosse „Am Rande vermerkt". Und dazu notiere er sich die oft recht merkwürdigen Texte der Todesanzeigen. So finde er die Berufsangaben der teueren Verstorbenen oft sehr interessant, gelegentlich sogar lustig: „Realitätenbesitzer" zum Beispiel oder „Witwe des ehrenamtlichen Ex-Stadtrates der Bürgerpartei", und dann immer wieder die schreckliche Floskel: „Teilnehmer beider Weltkriege, Inhaber höchster Tapferkeitsauszeichnungen". Weiter sei doch recht bemerkenswert die Hilflosigkeit nicht nur der Hinterbliebenen, sondern wohl aller Menschen, wenn es gelte, einen echten Abschiedsschmerz in kurze Worte zu fassen. „Du warst der Beste" oder „Fassungs- und trostlos warten wir auf ein ewiges Wiedersehen".

Was Detlev Schaub an diesen Todesanzeigen aber wirklich interessierte, sagte er der neugierigen Elfriede nicht. Es waren außer Namen und Berufsbezeichnungen auch die

Anschriften der Verstorbenen. Mit diesen Angaben arbeitete er in dem merkwürdigen Büro, das er in seiner Dreizimmerwohnung unterhielt und ganz allein betreute und das neben einigen Leitz-Ordnern nur noch eine Schreibmaschine aufwies – und etwa 20 Kartons mit einem unauffälligen Inhalt: Füllfederhalter. Es mögen mehrere hundert gewesen sein.

Frau Oberinspektor Edeltraud Lankes, genaugenommen die Witwe des vor drei Tagen zu Grabe getragenen Oberinspektors Oskar Lankes, fand unter der allmählich abflauenden Trauerpost auch ein Päckchen, adressiert noch an Herrn Oberinspektor Oskar Lankes. Ein schmales Schächtelchen; es enthielt – einen Füllfederhalter, dazu einen Begleitbrief und eine Rechnung: „... Wir danken sehr für Ihre Bestellung und übersenden anbei den von Ihnen gewünschten Füllfederhalter mit Gebrauchsanweisung. Der Überweisung des Rechnungsbetrages von 48,50 DM (inklusive Mehrwertsteuer und Porto) auf unser oben angegebenes Postgirokonto sehen wir gerne entgegen ... Mit freundlichen Grüßen und besten Wünschen, Ihre PHOENIX-Versand GmbH & Co. KG".

„Ein letztes Lebenszeichen aus dem Diesseits", flüsterte Edeltraud Lankes betrübt und nachdenklich. „Der Gute hat sich noch einen Füllfederhalter gekauft." Den Rechnungsbetrag überwies sie prompt an die PHOENIX GmbH & Co. KG, schon aus Pietät wollte sie da nicht zögern. Zunächst legte sie das nicht gerade billige Schreibgerät zu den Nachlaßandenken, irgendwann fing sie aber doch einmal an, damit zu schreiben, und nach und nach dachte sie auch, daß ein solcher recht gewöhnlicher Füllfederhalter eigentlich viel zu teuer bezahlt war. Im Schreibwarengeschäft nebenan erfuhr sie dann, daß dieser ganz ordentliche aber keineswegs exzellente Füller seit Jahren immer schon 9,80 DM koste und überall zu haben sei.

Ich hätte die Geschichte nie erfahren, wenn nicht die Witwe Lankes eines Tages zu mir gekommen wäre; sie wollte unbedingt etwas gegen diesen „Betrug am Toten" unternommen wissen.

Ich schrieb an die PHOENIX-Versand GmbH & Co. KG einen vorsichtigen Anwaltsbrief. Ob hier nicht irgendein Irrtum vorliege, vielleicht sei etwas verwechselt worden. Jedenfalls wäre ich dankbar, wenn ich den Bestellschein oder den Auftragsbrief oder was immer dieser Füllfederhaltersendung zugrunde gelegen habe, sehen oder in Fotokopie übersandt bekommen könnte.

Statt einer Antwort kam die „PHOENIX-Versand"-Gattin, Frau Schaub, persönlich. Sie erzählte mir ausführlich und mit überraschender Offenheit die Füllfederhalter-Versandpraxis ihres Mannes. Er verschickte am Tag etwa zehn solche Schreibgeräte. Das bedeutete werktäglich an die 200 bis 300 DM „Gewinn".

Ich wies höflich darauf hin, daß das doch eigentlich ein Betrug sei, und man müsse überlegen, wie man den Schaden wiedergutmachen könne. Da legte mir Frau Schaub stumm eine Zeitungsseite auf den Schreibtisch; es waren die Todesanzeigen der letzten Woche: „... verstarb plötzlich und unverhofft unser treusorgender Gatte und Vater, der Kaufmann Detlev Schaub. Seine ganze Liebe galt der Familie, seine ganze Arbeit galt seinem Beruf. Seelengottesdienst in der St.-Ivo-Kirche am ... Anschließend Beisetzung im Familiengrab."

Fieber

Ein einziges Mal in meinem Leben war ich Richter. Und dabei ging es gleich um Leben oder Tod.

Eines Morgens im Herbst des letzten Jahres des Hitler-Krieges, 1944, kam der Geschäftsstellen-Unteroffizier des Luftwaffenlazarettes zu mir auf die Krankenstube – ich war damals „aufkranker" Obergefreiter, durfte also aufstehen – und eröffnete mir mit besorgter Miene: „Du mußt heute Beisitzer beim Kriegsgericht machen."

Das Gericht der Luftkriegsschule Dresden war in kompletter Besetzung – Kriegsgerichtsrat, Offizier als Beisitzer, Anklagevertreter, Protokollführer – nach München gekommen, um dort einen knapp 18jährigen abzuurteilen. Man wollte, so war die offizielle Begründung für die Reise nach München, „der Einfachheit halber" die Ärzte des Lazaretts nicht alle als Zeugen nach Dresden bestellen, sondern gleich im Lazarett selbst als Zeugen vernehmen, zumal das Lazarett, wie sich gleich zeigen wird, auch Tatort war.

Es waren nämlich so gut wie alle Abteilungsärzte des Lazaretts zu vernehmen, denn man wollte herausbringen, ob der Angeklagte die erhöhte Körpertemperatur, die sein Fieberthermometer immer wieder zeigte, wirklich gehabt oder bei seinem Aufenthalt im Lazarett nur vorgespiegelt hatte. Im letzteren Falle, und diesen legte der Militärstaatsanwalt seiner Anklageschrift zugrunde, sollte der Angeklagte wegen eines Verbrechens der versuchten Wehrentziehung zum Tode verurteilt werden.

Das Verfahren hatte eine bedrückende Vorgeschichte: Der Fall war vor einigen Wochen nämlich schon einmal vom Kriegsgericht verhandelt worden, und dabei hatte der junge Soldat „nur" drei Jahre Zuchthaus bekommen. Das wäre praktisch sowieso ein Todesurteil gewesen, denn ein solcher Zuchthäusler kam zu sogenannten Bewährungseinheiten, in denen kaum einer die fürchterlichen Strapazen und „Himmelfahrtskommandos" überlebte. Der „Gerichtsherr", das war der Divisionskommandeur, hatte jenes Drei-Jahre-Zuchthaus-Urteil aber nicht bestätigt und eine neue Hauptverhandlung befohlen: „Solche Drückeberger, die den Führer im fünften Kriegsjahr im Stich lassen wollen, gehören ausgemerzt."

Ich meldete mich also um 9 Uhr beim vorsitzenden Kriegsgerichtsrat: „Heil Hitler, Herr Kriegsgerichtsrat, Obergefreiter Gritschneder als Beisitzer abkommandiert." Einer der drei Richter mußte nämlich im Rang des Angeklagten sein, dieser dritte Richter war also ich, denn auch Obergefreite gehören zum einfachen Mannschaftsstand. Der andere Beisitzer war ein Major. Als ich dem Kriegsgerichtsrat auf die Frage, was ich denn „in Zivil" sei, geantwortet hatte: „Jurist, Herr Kriegsgerichtsrat", bemerkte er unwirsch: „Mit Juristen sitze ich gar nicht so gerne zusammen, die sind immer so furchtbar gescheit."

Für die Hauptverhandlung war der Speisesaal des Lazaretts hergerichtet, die Tische waren an die Wand geschoben und die Stühle in Reihen aufgestellt. Gegenüber dem Richtertisch hatte man eine große Hakenkreuzfahne an die Wand geheftet. Als Verteidiger war ein „ziviler" Anwalt in schwarzer Robe erschienen, alle anderen trugen Uniform. Die einzige Zuhörerin war die Mutter des Angeklagten, ein kleines Weiblein, das mit den Händen im Schoß und mit kummervollem Blick die Szene ängstlich verfolgte.

Nachdem wir alle drei den Saal betreten und den rechten Arm zum „Deutschen Gruß" erhoben hatten, ließ der Vorsitzende Platz nehmen. Nur der Angeklagte mußte stehenbleiben, und zwar im „Stillgestanden". In dieser unnatürlichen Stellung mußte er seine persönlichen Verhältnisse zu Protokoll geben: Volksschule, drei Jahre Kommissionsbuchhändler-Lehre im väterlichen Geschäft in Düsseldorf,

Scharführer der Hitlerjugend, das älteste von vier Geschwistern.

Dann durfte der Angeklagte „rühren", das heißt, bequem stehen. „Nun, Angeklagter, erzählen Sie einmal die Geschichte mit Ihrem merkwürdigen Fieber."

In diesem Augenblick überfiel mich in dieser Gerichtsverhandlung die Angst zum ersten Mal. Wenn der junge Mann nämlich zugab, daß er am Fieberthermometer ein bißchen gerieben hatte, konnte ihn nichts und niemand mehr retten. Ein Geständnis ist bekanntlich der König der Beweise.

Der Angeklagte hielt sich aber wacker. Ruhig antwortete er in verschiedenen Varianten immer das gleiche: Er habe in der Früh und am Abend, wie befohlen, das Thermometer eingeführt, und als er es in Anwesenheit der Krankenschwester wieder herausgezogen habe, habe es jedesmal Fieber oder mindestens subfebrile Temperaturen gezeigt. Auf die Frage, ob er etwa mit den Analmuskeln das Thermometer massiert und auf diese Weise erwärmt habe, antwortete er nach einem fragenden Blick: „Bitte fragen zu dürfen: Was sind Analmuskeln?" Der Vorsitzende, der das vom Staatsanwalt schon früher übergebene Buch über „Krankenkassen-Betrugsfälle" studiert hatte, verdeutschte ihm die Muskelpartie am Darmausgang. „Haben Sie damit etwa gerieben?" „Nein, Herr Kriegsgerichtsrat".

So mußten also die Zeugen vernommen werden, die Unterärzte, Oberärzte, Stabsärzte der einzelnen Abteilungen, etwa ein Dutzend war das. Jeder schilderte mit den Krankenpapieren in der Hand, wie genau er alles geprüft habe. Der Zahnarzt hatte einen „Fokus", einen verborgenen Herd also, der Fieber erzeugen könnte, gesucht, aber keinen gefunden. Der „Innenarzt" hatte das Blut untersucht und nichts Fiebererregendes feststellen können. Da gelegentlich auch heimtückische Nierenentzündungen Fieber erzeugen, hatte der Urologe mit dem Urin des Patienten Meerschweinchen geimpft; vielleicht hatte der Patient eine Nierentuberkulose. Der Test hatte 14 Tage gedauert, Ergebnis: keine Nierenerkrankung. Keiner der Ärzte konnte erklären, wie der Angeklagte Fieber bekommen haben könnte.

Der Verdacht einer Fieberthermometer-Manipulation verdichtete sich immer mehr. Dem Verteidiger fielen keine Fragen an die Zeugen mehr ein, mit denen er seinem Mandanten hätte helfen können. Der Staatsanwalt klappte seinen Aktendeckel zu und blätterte im Kursbuch, wann der nächste Zug gehe. Die Herren waren nicht per Auto, sondern mit der Deutschen Reichsbahn aus Dresden gekommen.

Da unternahm der Vorsitzende einen letzten Versuch. Er beugte sich ein wenig zum Angeklagten vor und fragte ihn mit väterlichem Tonfall: Er möge sich die Sache doch noch einmal überlegen, im Falle eines Geständnisses könne man irgendeine Milderung überlegen, ein Gnadengesuch zum Beispiel.

Nun hatte ich das zweite Mal Angst. Die Verhandlung hatte bereits über drei Stunden gedauert, und mancher Angeklagte wird da mürbe und fängt an zu gestehen. Der Delinquent blieb aber bei seiner Aussage: Wenn er etwas zu gestehen gehabt hätte, hätte er es längst gestanden, und eine Milderungschance würde er selbstverständlich gern nutzen, er habe aber das Thermometer nicht gerieben. „Nun gut, wir machen jetzt eine kleine Pause, vielleicht haben Sie uns dann noch etwas zu sagen."

Die Herren begaben sich in die Kantine zu einer Tasse Kaffee. Der Angeklagte mußte im Saal bleiben, einer der beiden Polizisten brachte auch ihm einen Kaffee und ein Stück Barrasbrot. Mit seiner Mutter durfte der Sohn nicht sprechen.

Ich nutzte die Zeit, um zur Abteilung „Nervenerkrankungen" zu gehen. Der Chefarzt dieser Abteilung war ein anerkannter Facharzt für Psychiatrie und Nervenheilkunde, im Zivilberuf stellvertretender Chef eines Nervenkrankenhauses. Als solchen hatte ich ihn schon vor dem Krieg beim Landgericht kennengelernt. Ihm erklärte ich die Prozeßsituation: Wenn jetzt nicht eine befriedigende Erklärung für das Fieber gefunden werden könnte, ende die Sitzung mit einem Todesurteil. Da möchte ich mir einen Vorschlag erlauben (auf den ich heute noch stolz bin): Der Angeklagte werde als spätpubertärer, introvertierter, kontaktarmer Heranwachsender geschildert, es könnte vielleicht sein, daß Nervengeschichten das Fieber verursacht hätten. Ich wolle daher dem Gericht vorschlagen, ihn, den Nervenarzt, als Sachverständigen vorladen zu lassen und ihm folgende Frage zu stellen: „Ist es nach den neuesten Erkenntnissen der psychiatrischen Wissenschaft ausgeschlossen, daß ein spätpubertärer, introvertierter, kontaktarmer Heranwachsender durch psychische Vorgänge oder seelische Erlebnisse subfebrile Erscheinungen bekommt?" Der Stabsarzt zog die Stirn in Falten und machte lediglich „Hm". Nach einer Weile sagte er nur: „Ja, wenn das Gericht mich vorlädt, muß ich wohl kommen."

Nach der Pause erlaubte ich mir, dem Herrn Vorsitzenden den Vorschlag zu machen, doch auch noch den Nervenarzt als Sachverständigen zu hören, der ja sofort zur Verfügung stünde. „Meinetwegen, aber es ist jetzt schon gleich 13 Uhr. Haben Sie noch mehr solche Einfälle?" Er ließ den Arzt holen und erklärte ihm, nachdem er ihn, wie üblich, zur Wahrheitspflicht ermahnt und ihm die Strafe, die auf Meineid stehe, genannt hatte, die Sachlage (die dieser freilich schon aus unserem Gespräch während der Pause erfahren hatte). „Der Beisitzer hat nun noch eine Frage, Herr Stabsarzt, hören Sie mal zu!" Nun stellte ich, langsam und deutlich, meine Frage: Ob es nach den neuesten Erkenntnissen der psychiatrischen Wissenschaft ausgeschlossen sei, daß ...

Der Sachverständige hob zu einer größeren akademischen Darlegung an: „Das ist eine sehr interessante Frage, und gerade in neuerer Zeit ..." „Bitte machen Sie es kurz, das ist doch eine klare Frage, ja oder nein?" Der Arzt, dem so das Wort abgeschnitten war, antwortete darauf in der Tat kurz und bündig: „Jawoll, das kann man nicht ausschließen, auch psychische Vorgänge können Fieber erzeugen." „Gut, danke", und mit einem raschen Blick zum Staatsanwalt und zum Verteidiger fragte er, beinahe ein wenig drohend: „Noch eine Frage?" Gott sei Dank hatte niemand mehr eine Frage. Mit einem umständlichen Hin-und-Her-Gerede hätte nämlich die Klarheit und Überzeugungskraft dieses Sachverständigensatzes noch geschwächt werden können. „Also keine Frage mehr, keine Beweisangebote mehr?" Dann vereidigte er den Nervenarzt und erteilte das Wort dem Vertreter der Anklage.

Der Staatsanwalt erhob sich ruckartig und zog seinen Uniformrock stramm. Er brauchte nur zwei Minuten: „Das Beweisergebnis ist eindeutig. Der Angeklagte hat Fieber vorgespiegelt, um sich feige im Lazarett vor seinen Soldatenpflichten zu drücken. Wer in diesem weltgeschichtlichen Ringen des deutschen Volkes für Freiheit und gegen den Kommunismus sein Volk und seine Kameraden im Stich läßt, ist nicht würdig, die Frucht des Endsieges mitzuernten. Ich beantrage, den Angeklagten wegen des Versuchs der Wehrentziehung zum Tode und zum Verlust der bürgerlichen Ehrenrechte auf Lebenszeit zu verurteilen, außerdem zur Tragung der Verfahrenskosten."

Ich sah auf die Mutter des Angeklagten, die mir gegenübersaß. Die Tränen traten ihr in die Augen, und sie senkte den Kopf tief auf die Brust.

Der Verteidiger redete sich erst langsam warm. Er kam umständlich auf die Jugend seines Mandanten zu sprechen, in der man ja bekanntlich viele Unbesonnenheiten mache, der junge Mann habe noch keine Lebenserfahrung erwerben können, und das große Geschehen dieser heldischen Zeit sei ihm noch nicht recht zum Bewußtsein gekommen. Der Anwalt wagte dann noch zu bemerken, daß man doch nicht ganz sicher sagen könne, ob das Fieber wirklich manipuliert gewesen sei. Sodann machte er aber in seiner Verlegenheit einen Fehler, der manchem Verteidiger widerfährt: Er beantragte „in erster Linie Freispruch, vorsorglich eine milde Strafe“. Ein solcher Schlußhalbsatz nimmt einem Verteidigerplädoyer die Überzeugungskraft, erweckt den Eindruck, daß der Anwalt selbst nicht recht von der Unschuld seines Mandanten überzeugt sei.

„Angeklagter, Sie haben das Letzte Wort, wollen Sie noch etwas sagen?“ Der junge Mann verlor auch in diesem Augenblick nicht die Nerven. Beinahe tonlos antwortete er leise aber deutlich: „Nein, Herr Kriegsgerichtsrat, ich kann nur wiederholen, daß ich am Fieberthermometer nicht gerieben habe, ich fühle mich unschuldig.“ „Gut, das Urteil wird beraten.“

Als wir drei Richter zur geheimen Beratung im Nebenraum des Speisezimmers kaum Platz genommen hatten, wandte sich der Vorsitzende ohne jede Zwischenbemerkung mit der Aufforderung an mich: „Sie sind der Dienstjüngste, äußern Sie sich zuerst, Sie haben ja den Antrag des Staatsanwalts gehört.“

Da hatte ich zum dritten Mal Angst: Wenn ich für Freispruch stimme, werde ich womöglich selbst vor Gericht gestellt. Es gab ja solche Fälle von „Sabotage und Feindbegünstigung“. Außerdem wußte ich nicht, wie die beiden anderen stimmen würden. Wenn sie mich überstimmten, mußte ich das Todesurteil mit unterschreiben und durfte hinterher wegen des Beratungsgeheimnisses nicht einmal sagen, wie es dabei zugegangen war und wer wie abgestimmt hat. Auf jeden Fall durfte ich meine Angst und Verlegenheit nicht zu erkennen geben, und so nahm ich mich zusammen und sagte, äußerlich ganz ruhig: „Der Verdacht der Manipulation ist natürlich nach den Bekundungen der behandelnden Ärzte ganz gewaltig. Aber völlig geschlossen scheint mir die Beweiskette nun doch nicht, denn der psychiatrische Sachverständige hat uns unter Eid bekundet, daß auch psychische Vorgänge febrile Erscheinungen erzeugen können." „Dann stimmen Sie also für nicht schuldig ..." fiel mir der Vorsitzende ins Wort, „was meinen Sie, Herr Major?" So wandte er sich an den anderen Beisitzer, der mit den Händen in der Tasche am Fenster stand und offenbar gar nicht recht zugehört hatte. Der Major nahm aber sofort die Hände aus der Tasche und antwortete mit militärischer Beflissenheit: „Ich bin derselben Meinung, Herr Vorsitzender." „Dann brauchen Sie mich ja nicht mehr zu fragen." Mit diesen knappen Worten schrieb er auf ein Blatt Papier das Urteil: „... wird von der Anklage der Fahnenflucht bzw. des Versuches einer Fahnenflucht freigesprochen ..." und schob es uns zur Unterschrift hin.

Dann ging es wieder in den Speisesaal: „Alles aufstehen!" befahl der Protokollführer, „es folgt die Urteilsverkündung." Die Miene des Angeklagten blieb auch während der Urteilsverkündung unbewegt. Um so strahlender leuchteten die Augen der Mutter, die nun erneut in Tränen ausbrach, in Freudentränen diesmal. Nach einer kurzen Urteilsbegründung, die lediglich auf die Beweislücke hinwies, die der Nervensachverständige offengelassen habe, folgten nur noch die vier markanten Worte: „Der Haftbefehl wird aufgehoben."

Inzwischen war es 3 Uhr nachmittags geworden, aber man hatte uns im Offizierskasino, in dem ich bei dieser Gelegenheit ein erstes und einziges Mal in meinem Soldatenleben speisen durfte, das Mittagessen aufgehoben. Nur eine gute Viertelstunde saßen wir dort, der Vorsitzende, der Major, der Staatsanwalt, der Protokollführer und ich. Und das Merkwürdigste war, daß keiner ein Wort gesprochen hat. Man kannte sich ja nicht, und in jenen Monaten war Vorsicht besonders dringlich geboten. So habe ich nie herausgebracht, was sich die anderen eigentlich bei dieser Kriegsgerichtsverhandlung gedacht haben, als sie diesen einen, den der General hingerichtet wissen wollte, freisprachen, wo doch Hitlers Kriegsgerichte insgesamt an die 40000 zum Tode verurteilt haben.

Tricks und Gegentricks

Wie jeder Mensch, besonders der Handwerker und Künstler, seine speziellen Fertigkeiten, Kniffe und Griffe hat, so wie ein Maurer oder Fliesenleger beim Anwerfen des Mörtels oder beim Einpassen seiner Platten zu einer senkrechten oder waagrechten Ebene jene meisterhaften raschen Bewegungen beherrscht, um die wir Laien ihn so beneiden, so haben auch die Gesetzesbrecher, die Betrüger vorweg, geradezu respektable Fähigkeiten, einen überraschenden Ideenreichtum und eine bewundernswerte, freilich immer nur ins Negative zielende kriminelle Intelligenz.

Von einigen solchen Begabungen soll hier erzählt werden.

Kontrollrückruf

Sebastian Immerpflug war ein an sich ungefährlicher Wiederholungs- und Gelegenheitsdieb. Gewaltanwendung war nicht seine Sache; er gehörte mehr zum intellektuellen Flügel der Diebstahlsspezialisten, er spürte einen sublimen Genuß dabei, denen etwas zu entwenden, die allzu unbedacht mit ihrem Eigentum umgehen, weil sie reicher als gescheit sind.

Unser Held hatte sich während der Wochen und Monate, die er hin und wieder im Gefängnis verbringen mußte, immer gut geführt. Solche Leute sind bei den Gefängnisbeamten relativ beliebt, weil sie für Gelegenheitsarbeiten gefahrlos eingesetzt werden können. Derlei Gelegenheitsarbeiten werden mit einer gewissen Abstufung des Vertrauens, das man zu den jeweiligen Gefangenen haben kann, unterteilt: Vom Gefängnishofkehren und Grasmähen bis zum Transport justizamtlicher Akten gibt es hier viele Zwischenstufen. Unser Sebastian hatte schon dreimal mitfahren dürfen, als Akten von Stadelheim in den Justizpalast geschafft werden mußten. Das brachte nicht nur die Annehmlichkeit mit sich, daß man „einmal hinauskommt" und eine Gratis-Autofahrt – wenn auch in der „Minna", aber immerhin – über die Isar zum Stachus machen darf. Der begleitende Wachtmeister nimmt einen dann auch noch in die Justizkantine mit, wo man eine kleine Brotzeit kriegt und allerhand interessante Typen des Justizvölkleins zu sehen und zu hören bekommt, das sich hier kaffeetrinkend präsentiert.

Für Sebastian Immerpflug brachten diese Vertrauensfahrten in die Münchner Paragraphen-Residenz aber noch einen anderen Vorteil, und den hatte die Justizverwaltung nicht vorausgesehen: Im Stadium der Unfreiheit, der

Unterdrückung, der Deklassierung schärft sich die Beobachtungsgabe des Menschen. Das gilt auch für die Situation der Gefangenen, selbst wenn sie noch so gut behandelt werden; sie sind eben Gefangene, Objekt der Justiz und nicht Herr ihrer selbst.

So kam es, daß Sebastian Immerpflug, während er Akten bald in dieses, bald in jenes Büro zu tragen hatte, auch bemerkte, daß Richter und Staatsanwälte ihre Zimmer nicht abschließen, wenn sie sich zur Sitzung begeben oder „zu Tisch" in die Justizkantine eilen. Warum sollten sie auch abschließen? Zu stehlen gibt es hier nichts, denn mit Gerichtsakten kann ein gewöhnlicher Mensch nichts Gewinnbringendes anfangen.

Sebastian Immerpflug allerdings konnte mit diesen „Tagen der offenen Tür" sehr wohl etwas anfangen. Er war ja den halben Vormittag lang praktisch unbeaufsichtigt, denn der Wachtmeister saß derweil in der Kantine und erwartete, wie schon des öfteren und bisher ohne Enttäuschung, seinen Schützling um 12 Uhr, um dann mit ihm wieder nach Stadelheim zu fahren. Um halb 12 Uhr ging nun der Staatsanwalt von Zimmer 199 aus seinem Büro, wahrscheinlich in die Kantine. Das war für Sebastian der entscheidende Moment, auf den er lange gewartet hatte. Er nahm ein Paket Akten unter den Arm, schlenderte mit gut gespielter Unauffälligkeit in das Zimmer 199 und rief die Nummer 662231 an. Das ist die Nummer der Gefängnisdirektion in Stadelheim.

„Hier Staatsanwaltschaft München I, ich rufe an in der Strafsache Sebastian Immerpflug, geboren 8. Mai 1945, Aktenzeichen 4 Js 813/70. Ich melde telefonisch voraus, daß der Gefangene Immerpflug sofort zu entlassen ist. Die Strafkammer hat uns eben den Haftaufhebungsbeschluß vom Heutigen zugeleitet. Ich erwarte Ihren Rückruf, Nebenstelle 877."

Der letzte Satz war besonders wichtig. Das war nämlich der Standardsatz für justizamtliche Kontrollrückrufe; ohne einen solchen Rückruf könnte ja jeder von irgendwoher einfach anrufen. Es dauerte keine Minute, da rief der Geschäftsstellenbeamte der Gefängnisdirektion zurück. „Hier Staatsanwaltschaft München I, Staatsanwalt Zirk", meldete sich Sebastian Immerpflug. Den Namen hatte er an der Türe gelesen, wo ja jeweils mit Zierschrift der Zimmerinhaber schön vermerkt ist.

„Hier Justizvollzugsanstalt Stadelheim. Ich bestätige: Sebastian Immerpflug, geboren 8. Mai 1945, ist sofort zu entlassen. Der Gefangene ist gerade im Außendienst, er kommt gegen 13 Uhr zurück. Ich werde alles vorbereiten lassen, damit die Entlassung unverzüglich erfolgen kann." „Danke sehr, Ende."

Der Rest ist sozusagen Justizroutine. Als Sebastian Immerpflug vom Aufsichtsbeamten wieder nach Stadelheim gebracht wurde, teilte man ihm schon an der Pforte mit, daß er sich sofort im Geschäftszimmer melden müsse, er werde, soviel man gehört habe, entlassen. Gnadenerlaß oder Bewährungsfrist oder so etwas.

Sebastian beherrschte sich auch hier und spielte den Überraschten. Dann sagte er nur: „Hat es also endlich geklappt." Den Doppelsinn dieses Satzes verstand allerdings nur er selbst.

Postanweisung

Dann ist da jener Zacharias K., ein armer Schlucker, der sozusagen immer am Rande der echten Kriminalität dahintänzelt. Er hat als „Reisevertreter“ hin und wieder ein kleines Einkommen, dann kauft er auf Raten teuere Sachen, die nur für Besserverdienende erschwinglich sind, komplizierteste Schallplattengeräte, Fotoausrüstungen mit mehreren Teleobjektiven und ganze Reihen von Kunst- und Geschichtslexika. Mit solchen Impulsiveinkäufen und Bestellungen träumt er sich auf ein Kultur- und Zivilisationsniveau, das zu erreichen ihm die rauhe Wirklichkeit verwehrt, besonders seit seine Frau ihn als „notorischen Schwindler“ verlassen hat.

So kam es, daß er wieder einmal unter den auf ihn niederrieselnden gerichtlichen Zustellungen und Pfändungsmitteilungen eine Vorladung zum Offenbarungseid erhielt. Neuerdings heißt das eidesstattliche „Offenbarungsversicherung“, weil nicht mehr der Richter, sondern nur noch der Rechtspfleger diese Offenbarungserklärung entgegennimmt, und der Rechtspfleger darf keinen Eid abnehmen, das darf nur der Richter. Praktisch ist aber Offenbarungseid und Offenbarungsversicherung an Eides Statt dasselbe, in beiden Fällen wird man, wenn die Versicherung falsch ist, bestraft, und in beiden Fällen tritt die unangenehme Folge ein, daß man in allerhand amtlichen Verzeichnissen aufgeführt wird, und diese Verzeichnisse sind von jedermann einsehbar.

Zacharias K. weiß genau, was das bedeutet und wie die Gerichte diese Vollstreckungsmaßnahme handhaben. Man kann den Offenbarungstermin zwar ab und zu einmal verlegen lassen, aber einmal muß es sein. Man kann es auch noch auf einen „Haftbefehl zur Erzwingung der eidesstattlichen Offenbarungsversicherung“ ankommen lassen. Da erscheint dann eines Tages der Gerichtsvollzieher mit dem roten Exemplar einer solchen gerichtlichen Anordnung und nimmt einen, notfalls mit polizeilicher Unterstützung, zum Gericht mit. Gibt man dann die Erklärung endlich ab, so wird man wieder freigelassen. Andernfalls gibt es Erzwingungshaft bis zu sechs Monaten.

Daher ersann Zacharias K. einen originellen Trick, einen solchen Offenbarungstermin platzen zu lassen. Er erschien pünktlich um 8.30 Uhr zur Abgabe der Erklärung und teilte dem Rechtspfleger mit, daß er soeben auf der Post die geschuldeten 400 DM für den Gläubiger eingezahlt habe und daß daher der Offenbarungstermin hinfällig geworden sei. Zum Beweis legte er den Abschnitt der blauen Postanweisung vor. Dort stand, mit Poststempel versehen, Schwarz auf Weiß bzw. Schwarz auf Blau, daß das Geld auf das Postgirokonto des Gläubigers, 104048 beim Postgiroamt München, eingezahlt wurde. Der Rechtspfleger sah sich den Abschnitt genau an, der war offensichtlich echt und nicht verfälscht. So wurde der Offenbarungstermin abgesetzt, und Zacharias K. konnte diesmal ungeschoren nach Hause gehen.

Der Gläubiger bekam sein Geld dennoch nicht. Die Postanweisung hat bekanntlich drei Abschnitte: einen kleineren, der die Quittung darstellt und dem Einzahler ausgehändigt wird, dann in der Mitte den eigentlichen Überweisungsauftrag, den sogenannten Stammabschnitt, und dann noch einen ganz schmalen, den der Gläubiger mit dem Geld ausgehändigt bekommt. Maßgebend ist der Hauptabschnitt in der Mitte. Dort hatte nun Zacharias K. die Postgironummer mit 104840 (statt 104048) angegeben. Dem Postbeamten war der Unterschied natürlich nicht aufgefallen, er hatte ja nur darauf geachtet, daß er vor Aushändigung des kleinen Quittungsabschnittes die 400 DM wirklich bekam.

Nun weiß man, wie sorgfältig das Postgiroamt zu Werke

geht. Wenn bei der Namensangabe oder gar bei der Kontonummer etwas nicht stimmt, geht das Geld an den Einzahler zurück. So war es auch hier, und Zacharias K. bekam nach etwa drei Tagen die 400 DM vom Briefträger zurückgebracht, auf die der Gläubiger vergeblich wartete.

Sehr viel brachte der Trick freilich nicht. Aber bis das Schwindelmanöver herauskam, waren einige Wochen gewonnen, und bis dahin hoffte Zacharias K., dessen Leben ja vornehmlich aus letzten Endes immer wieder unerfüllten Hoffnungen bestand, ganz bestimmt jene 400 DM zu haben, die er schon so lange schuldig war. Und ein Verfahren wegen Betruges war nicht ernstlich zu fürchten, denn der Nachweis, daß er jene Kontonummer auf dem Stammabschnitt der Postanweisung absichtlich unrichtig angegeben habe, wird vom Staatsanwalt nicht so leicht zu erbringen sein. Im Zweifel muß ja für den Angeklagten entschieden werden. Und wer hat sich nicht schon einmal verschrieben?

Der weiße Strafregisterauszug

Als weiterer gesetzesallergischer Trickkünstler ist mir Arbogast S. in Erinnerung geblieben. Auch sein Trick ist ebenso genial wie einfach.

Arbogast S. hatte mir seine Braut geschickt – hier sei das Honorar, ich müsse unbedingt ins Gefängnis zu ihrem Verlobten kommen, der sitze dort in Untersuchungshaft wegen Diebstahls eines Porsche.

Der Fall war nicht ungewöhnlich, und an einen Freispruch war natürlich nicht zu denken. Ich konnte nur insofern einen kleinen Erfolg erringen, als Arbogast S. wieder aus der Untersuchungshaft herauskam, denn er hatte ausweislich der polizeilichen Anmeldung einen „festen Wohnsitz“, er wohnte nämlich bei seiner Braut.

Auch die Hauptverhandlung lief denkbar unkompliziert ab, das einzige, freilich für meinen Klienten recht gewichtige Problem bestand darin, die nicht zu vermeidende Freiheitsstrafe möglichst gering zu halten und vor allem Bewährungsfrist zu bekommen. Das gelang auch, denn der Angeklagte war geständig, er zeigte sogar Reue, konnte einen festen Arbeitsplatz nachweisen und war ein „Ersttäter“, und das erste Mal schickt unsere etwas soziallyrische Justiz solche Leute nicht gleich hinter Gefängnisgitter, sondern droht zunächst einmal mit dem Schatten der Gitterstäbe. Das Hauptargument für die Bewährungsfrist war also der Umstand, daß Arbogast S. „unvorbestraft“ war. Ich sehe noch den Richter das Auskunftsblatt der Strafregisterbehörde zum Staatsanwalt hin mit der Bemerkung hochheben: „Ausweislich des Strafregisterauszugs kein Eintrag.“ Der Staatsanwalt nickte und war auch seinerseits mit Bewährungsfrist einverstanden.

Nach der Verhandlung sagte mir der überraschend gut aufgelegte Arbogast S., er sei schon froh, daß er so glimpflich davongekommen sei, denn in Wirklichkeit sei er schon zweimal wegen Autodiebstahls vorbestraft. Ich stutzte und fragte, wie das möglich sei, denn im Strafregister sei doch keine Vorstrafe eingetragen.

Arbogast S. erklärte mir nun seinen Trick, und es erfüllte ihn mit Stolz, einem Anwalt etwas Neues sagen zu können: Bekanntlich glaube der Strafrichter hierzulande dem Angeklagten fast nichts, aber seine Personalien, darunter Ort und Zeit seiner Geburt, glaube er ihm sonderbarerweise ohne nähere Nachprüfung. Jede Verhandlung beginne ja mit der Formel: „Sie sind also der Sowieso und am Soundsovielten und da und dort geboren, nicht wahr?" Darauf brauche man nur zu sagen: „Richtig", erst dann gehe es mit der eigentlichen Verhandlung zur Sache los, mit der Verlesung der Anklageschrift, der Vernehmung der Zeugen und so weiter. Diese Beobachtung machte sich Arbogast S. zunutze und gab schon gleich bei der ersten polizeilichen Vernehmung sein Geburtsdatum zwar richtig mit 28. März 1950 an, als Geburtsort nannte er aber Bochum statt Essen, wo er in Wirklichkeit geboren war.

Damals wurden die Strafregister bei dem Oberstaatsanwalt des Geburtsortes des Delinquenten geführt. In diesem Fall erholte das Gericht also beim Oberstaatsanwalt in Bochum einen Strafregisterauszug, und von dort kam prompt die Bestätigung „Für Arbogast S., geboren am 28. März 1950 in Bochum, kein Eintrag" zurück. Ob es einen in Bochum geborenen Arbogast S. überhaupt gab, prüfte die dortige Staatsanwaltschaft gar nicht nach.

Vor Nachahmung dieses Tricks muß freilich gewarnt werden. Seit 1. Januar 1972 gibt es nämlich ein Bundeszentralregister, und dieses wird in Berlin geführt. Die Register bei den einzelnen Oberstaatsanwaltschaften des Bundesgebietes gehören der Vergangenheit an. Ob man auch bei diesem Bundeszentralregister mit der simplen Änderung seines Geburtsortes zu einem weißen Registerauszug kommt, kann ich nicht verläßlich sagen. Mir ist seither kein solcher Fall mehr untergekommen.

Der Minutenstempel beim Grundbuchamt

Eine Kreditbank hereinzulegen, ist bekanntlich recht schwer. Hin und wieder gelingt aber auch das. Dem Kaufmann Kastulus M. ist es gelungen. Er machte sich die strengen Grundbuchvorschriften zunutze, wonach die Anträge auf Grundbucheintragungen unerbittlich nach dem Zeitpunkt des Eingangs bearbeitet werden müssen. Zu diesem Zweck haben die bei den Amtsgerichten eingerichteten Grundbuchämter Eingangsstempel, die nicht nur Datum und Stunde, sondern auch die Minute anzeigen, in der das oft recht schicksalsschwere Schriftstück in den amtlichen Einlauf gelangt.

Von Bedeutung wird das zum Beispiel, wenn Hypotheken auf einem Grundstück bestellt werden sollen. Solche Hypotheken sind ja die übliche Form der Verpfändung des Grundstücks, und die darauf ausgeliehene Geldsumme ist um so besser gesichert, je besser der Rang der Hypothek ist. Wird ein Grundstück im Wert von 500000 DM mit einer Hypothek von 100000 DM belastet, dann kann der Geldgeber sicher sein, das Geld wieder zu bekommen, wenn er „an erster Stelle" steht, das heißt, wenn noch keine Hypothek und keine sonstige Grundstücksbelastung eingetragen ist. Der Zweite und der Dritte mögen ja auch noch gesichert sein, aber wenn sich die Gesamt-Grundstücksbelastung in unserem Beispiel an die Grenze von 500000 DM heranschiebt, dann wird die Sache unsicher, da im Falle der Verwertung des so stückchenweise verpfändeten Grundstücks, das heißt praktisch bei einer Zwangsversteigerung, bei der vielleicht nur 400000 DM erzielt werden, den Letzten und eventuell auch den Vorletzten die Hunde beißen. Der Versteigerungserlös wird nämlich nicht gleichmäßig auf die Hypothekengläubiger aufgeteilt; vielmehr wird der zuerst Eingetragene („Erster Rang“) voll befriedigt, dann kommt der zweite usw.

Das wußte unser Kastulus M., und darum verfuhr er folgendermaßen:

Er bestellte auf seinem recht wertvollen Grundstück am Mittwochvormittag eine Hypothek von 480000 DM für seine Ehefrau. Das mußte beim Notar geschehen, der darüber eine Urkunde aufnahm und die Anträge fürs Grundbuchamt formulierte. Aufgrund solcher notarieller Urkunden und Anträge werden dann die Hypotheken eingetragen. Maßgebend für den Rang, den die Hypothek im Verhältnis zu anderen Grundstücksbelastungen bekommt, ist, wie gesagt, die Minute des Eingangs beim Grundbuchamt.

Nun bestellte Kastulus M. am gleichen Mittwochvormittag auch eine Hypothek für das Kreditinstitut, mit dem er schon längere Zeit in Verhandlung stand. Die Bank pflegt für solche Verträge eine Art Hausnotar zu beschäftigen, und bei ihm bestellte Kastulus M. die Hypothek von 20000 DM. Er wußte, daß der Notar die Anträge jeweils nachmittags zum Grundbuchamt bringen ließ, und zwar zwischen 15 und 16 Uhr. Kurz vorher, also zwischen 14 und 15 Uhr, ging er zur Bank, zeigte die beglaubigte Abschrift der notariellen Hypothekenbestellung vor, und erbat die 20000 DM. Es eile ihm, denn er müsse mit dem Flugzeug weg. Der Kreditsachbearbeiter war vorsichtig und rief beim Grundbuchamt an, ob der Antrag der für die Bank einzutragenden Hypothek schon vorliege. Nein, war die Antwort, der Bote des Notars werde zwischen 15 und 16 Uhr erwartet. Ob er in diesem Fall, fragte Kastulus M., wo die Sache so eilig sei, da er ja mit dem Flugzeug weg müsse, ob er nicht die 20000 DM jetzt gleich bekommen könne. Mit der Hypothekenbestellung gehe ja alles in Ordnung. Außerdem würde er gern seine Frau anrufen, damit sie gleich zum Flugplatz komme, denn es reiche nicht mehr, um vorher noch nach Hause zu fahren.

Der Bankbeamte, darauf bedacht, den Kunden nicht mit zu kleinlichen Formalitäten zu vergrämen, ließ sich breitschlagen und rückte die 20000 DM heraus, für die er ja die notarielle Hypothekenbestellungs-Urkunde in Händen hatte, und darauf hatte der Notar pflichtgemäß vermerkt, daß das Grundstück im übrigen unbelastet sei. Der Notar muß nämlich jeweils vor einer solchen Hypothekenbestellung das Grundbuch einsehen. Daß für die Ehefrau M. am gleichen Vormittag bei einem ganz anderen Notar eine Hypothek von 480000 DM beurkundet war, konnte er nicht wissen.

Kastulus' Anruf bei seiner Frau an jenem Nachmittag war nun das verabredete Zeichen für sie, sich sofort zum Grundbuchamt zu begeben und den notariellen Antrag auf Eintragung ihrer 480000-DM-Hypothek in den Einlauf zu bringen. Das gelang ihr auch noch vor 15 Uhr, und als der Bote des Notars mit dem Antrag auf Eintragung der Hypothek für die Kreditbank kam, war es bereits einige Minuten nach 15 Uhr. Die Folge war, daß jene 480000-DM-Hypothek für die Ehefrau im Rang vor der Kreditbank-Hypothek eingetragen wurde, die auf diese Weise einen völlig wertlosen Rang bekam. Kastulus M. hatte also 20000 DM bekommen, für die die Bank keine effektive Sicherheit erhielt.

Die Bank nahm den Vorfall sehr ernst: Sie entließ ihren Kreditsachbearbeiter, weil er der strengen Dienstvorschrift zuwider die Kreditsumme herausgegeben hatte, bevor der Hypothekenrang wirklich durch Nachweis des Antragseingangs beim Grundbuchamt gesichert war; außerdem zeigte sie das clevere Ehepaar beim Staatsanwalt wegen Betrugs an. Ergebnis: Ein Jahr für Kastulus, ein Jahr für seine Frau, jeweils mit Bewährungsfrist. Die 20000 DM freilich waren mangels Masse nicht mehr beizubringen.

Anhangsweise sei noch eine recht merkwürdige Lücke im Grundbuchwesen vermerkt, die schon hin und wieder einen ähnlichen Trick gelingen ließ:

Im Grundbuch wird in der Eigentümerspalte nur der Name und der Vorname sowie der Beruf des Eigentümers vermerkt, also zum Beispiel: Karl Weinberger, Kaufmann in München. Die sonst sehr genauen Bestimmungen über Grundbucheintragungen sehen nicht vor, daß auch das Geburtsdatum eingetragen wird, obwohl Anregungen dieses Inhalts immer wieder an die Ministerien und an den Gesetzgeber herangetragen werden, vor allem von den Grundbuchrichtern selbst, die diese Lücke natürlich längst bemerkt haben.

Wenn nun ein Kaufmann namens Karl Weinberger aus München zum Notar kommt und „sein" Grundstück verkaufen oder belasten will, dann muß der Notar (etwa durch Vorlage des Personalausweises) die Identität des Verkaufswilligen prüfen und im Grundbuch nachschauen, ob „Kaufmann Karl Weinberger aus München" wirklich als Eigentümer eingetragen ist. Daß es in München zwei oder noch mehr Kaufleute dieses Namens geben könnte, braucht er nicht in Rechnung zu stellen. Die Folge ist klar: Der Karl Weinberger, der gar nicht Eigentümer jenes Grundstücks ist, sondern nur so heißt wie dieser, verkauft oder belastet das Grundstück mit Hilfe einwandfreier notarieller Urkunden und kassiert den Erlös. Bis der wirkliche Eigentümer das merkt, können Jahre vergehen, und wenn der neue, als Eigentümer eingetragene Käufer das Grundstück an einen Dritten weiterverkauft, wird jedenfalls dieser Dritte echter Eigentümer, denn ihn schützt der gute Glaube an die Grundbucheintragung, und dort war ja sein Verkäufer als Eigentümer eingetragen. Einziger „Gegentrick" gegen diese Manipulation wäre, wie gesagt, endlich auch das Geburtsdatum des Eigentümers ins Grundbuch einzutragen.

Selbstbedienung

Es gibt keinen Supermarkt, in dem nicht täglich gestohlen wird. Daher gibt es auch keinen Supermarkt, wenigstens keinen größeren, ohne Hausdetektiv.

Ein schwerer Beruf: Der Hausdetektiv muß unbedeutend aussehen, muß eine ausgezeichnete Beobachtungsgabe haben, und vor allem muß er, wenn er einen Dieb erkannt zu haben glaubt, Geduld üben. Es könnte ja sein, daß der „Selbstbediener", der sich zwischen den Regalen nach weiteren Waren umsieht, dann doch zu guter Letzt noch an der Kasse alles korrekt bezahlt. Der Hausdetektiv muß also warten, bis der Verdächtige an der Kasse vorbei ist und sich anschickt, den Markt zu verlassen. Erst dann, wenn kein Versehen mehr möglich ist und keine Ausrede mehr zieht, wenn also „die Zueignungsabsicht, ohne das Entgelt zu entrichten" unwiderruflich feststeht, erst dann darf er seinen „Kunden" stellen. Der Ertappte wird ins Büro gebeten, die gestohlenen Waren werden ihm wieder abgenommen. Er bekommt schriftlich ein Hausverbot mitgeteilt, und wenn er seine Personalien nicht freiwillig angibt, kommt prompt die Funkstreife.

Das alles wußte Fridolin Zippeldorm sehr wohl. Er war ein fanatischer Anti-Supermarkt-Kämpfer, ein Amateurjournalist, der harte Protestaufsätze gegen die etablierte Konsum- und Wohlstandsgesellschaft schrieb, gar nicht so schlechte übrigens. Er bediente sich aus persönlichem Protest immer wieder einmal im Supermarkt, nicht aus Not, auch nicht aus Angabe, wie Schulbuben mit ihren „Mutproben", nein: Er stahl sozusagen aus weltanschaulich grundsätzlichen Erwägungen.

Daher hatte sich Zippeldorm für den Fall, daß er erwischt würde, etwas Besonderes einfallen lassen, und es dauerte nicht lange, bis er erwischt wurde. Das war am 24. September 1976, einem Freitag, an dem der Supermarkt besonders viele Kunden abzufertigen hatte. Der Hausdetektiv verbrachte Zippeldorm ins Geschäftsbüro und wollte ihn dort zur Rede stellen. Zippeldorm zeigte bereitwillig seinen Ausweis, die Entgegennahme des Zettels, auf dem ihm Hausverbot erteilt werden sollte, verweigerte er, und im übrigen beschränkte er sich auf den stereotypen Satz: „Sie tun mir Unrecht, meine Herren." Besonders die naheliegende Frage, an welcher Kasse er denn gezahlt haben wollte, wo die Quittung sei und warum die Kaviarbüchse, die drei Tonbänder und die Schreibtischuhr „lose" in seiner Aktentasche lägen, statt im supermarkteigenen Einwickelpapier, beantwortete Fridolin Zippeldorm mit hochmütigem Schweigen, er beantwortete sie also nicht. „Sie tun mir Unrecht, meine Herren. Bitte lassen Sie mich gehen."

So mußten der Filialleiter und der Hausdetektiv diesen merkwürdigen Kunden schließlich gehen lassen. Sie gaben noch die übliche Diebstahlsanzeige an die Polizei in Auslauf und waren sich einig, dieser Zippeldorm habe wohl einen kleinen Dachschaden.

Davon konnte jedoch, wie der Fortgang der Geschichte zeigt, keine Rede sein. Das offenbarte sich bei der Hauptverhandlung. Richter und Staatsanwalt sahen die Sache als Routinefall, wie er fast alle Tage verhandelt wird. Nachdem der Hausdetektiv als Zeuge vernommen war, erteilte der Richter dem Angeklagten, wie die Prozeßordnung es auch bei völlig „glatten" und unproblematischen Fällen verlangt, das Letzte Wort. Ob er noch etwas zu sagen habe? „Sehr wohl, Herr Vorsitzender. Ich habe hier die Quittung mitgebracht: Kaviar, Tonbänder, Schreibtischuhr. Alles fein säuberlich auf der Registrierkasse getippt und zusammengerechnet: 153,28 DM. Dazu das deutlich lesbare Datum: 24 IX 76."

Diese Quittung belebte die Gerichtsszene, die schon in eine gewisse Müdigkeit zu versinken drohte. „Warum haben Sie diese Quittung nicht gleich vorgelegt?" Fridolin Zippeldorm meinte, das spiele doch keine Rolle, Hauptsache sei, daß der Registrierstreifen nebst Quittung nun auf dem Tisch liege.

Der Richter beäugte den Kassenbeleg, reichte ihn dem Staatsanwalt. Dieser gab ihn dem auf der Zeugenbank siegessicher wartenden Hausdetektiv. „Was sagen Sie dazu, Herr Zeuge, ist das eine Fälschung oder was sonst?" Der Beleg war jedoch echt.

Es sah so aus, als habe Fridolin Zippeldorm Justiz und Gesellschaft wieder einmal mit einem antikapitalistischen Scherz an der Nase herumgeführt und der siebengescheite Hausdetektiv samt seiner Justizmaschine sich schrecklich blamiert. Angesichts eines solchen Kassendokuments schien der Freispruch unvermeidlich.

Jetzt schlug aber die Stunde, genauer gesagt, die Minute des Hausdetektivs. Er drehte sich mit souveräner Geste um in Richtung Zuschauerraum und bat, die junge Dame, die auf der Zuhörerbank saß, als Zeugin vernehmen zu wollen. Sie sollte bekunden, daß er, der Hausdetektiv, sofort nach jener Entlarvung Zippeldorms alle Registrierkassen habe abrechnen, auf Null stellen und die weißen Quittungsrollen durch gelbe habe ersetzen lassen. Die Quittung, die der Angeklagte vorgezeigt hatte, war gelb. Das bewies, daß Zippeldorm (oder eine von ihm beauftragte Person) am Freitagnachmittag noch einmal im Supermarkt erschienen war und die gleichen Sachen gekauft und bezahlt hatte, die er vormittags ohne zu zahlen eingesteckt hatte: Kaviarbüchse, drei Tonbänder, eine Schreibtischuhr.

Die Kassiererin bestätigte das Einlegen der gelben Streifen, und Fridolin Zippeldorm bekam statt einem Monat Freiheitsstrafe wegen der „besonderen kriminellen Energie seines Vorgehens" deren zwei.

Leukotomie

Dumpf grollend rollte der Zug gegen Mitternacht in die mäßig beleuchtete rußige Halle des Münchner Hauptbahnhofs. Aus dem letzten Wagen stieg Heribert Koß, ein unscheinbarer, unauffälliger Mann mittleren Alters. Er hatte keinen Koffer und keine Tasche bei sich. Langsamen Schrittes ging er die Wagenreihe entlang in Richtung Lokomotive.

Es waren seit fünf Jahren die ersten Schritte, die Koß in Freiheit tun konnte, denn er kam geradewegs aus dem Zuchthaus. Einen Straferlaß oder eine Bewährungsfrist oder etwas ähnliches gab es damals, kurz vor dem Zweiten Weltkrieg, für Leute wie ihn nicht. Er war ja ein Rückfälliger. „Straßenraub" hieß das Delikt, ein vielleicht zu gewichtiges Wort für das, was er wirklich angestellt hatte: Er hatte nämlich wieder einmal die Lust verspürt, einem Mädchen im Englischen Garten oder in den Isarauen die Handtasche zu entreißen. Es waren immer junge und zierliche Mädchen, von denen kein Widerstand zu erwarten war. Sie liefen davon und riefen nach der Polizei. Was in diesen Mädchen-Handtaschen war – meist unbedeutende Dinge, Lippenstift, Briefe, manchmal einige Münzen – interessierte Heribert Koß schon nicht mehr, denn seine Lust war befriedigt, sobald er den gewaltsamen Griff getan hatte. Von der Tasche selbst wollte er dann nichts mehr wissen und warf sie hinter einen Busch oder in den Papierkorb.

Zweimal war er wegen solcher „Vorfälle" vor Gericht gestanden, das letzte Mal hatte er wegen Rückfalls jene fünf Jahre Zuchthaus bekommen. Einen sinnvollen Grund für seine räuberischen Griffe konnte Koß nicht nennen. Auch Richter und Staatsanwalt hatten keine Erklärung für dieses eigenartige Verhalten des Angeklagten. Sie hatten ihn sogar gerichtsärztlich untersuchen lassen, aber dabei kam nicht viel heraus: „psychisches Engramm", hieß es da in dem kurzen ärztlichen Gutachten. Dann war noch von einer psychisch bedingten Zwangsfunktion und ähnlichen Dingen die Rede. Solche schädlichen Neigungen schlössen die Schuldfähigkeit aber keineswegs aus, hieß es dann im letzten Absatz, dem Angeklagten könne durchaus zugemutet werden, gegen solche Triebe anzukämpfen.

Nun hatte Heribert Koß also diese fünf Jahre bis auf den letzten Tag abgesessen und war mit den ersten Schritten in der wiedererlangten Freiheit beinahe bis zur Lokomotive gekommen. Dort wartete die Fürsorgerin von der „Gefangenenhilfe", leicht zu erkennen an der Armbinde „Bahnhofsmission". Sie war, da Koß von keinen Angehörigen erwartet wurde, die erste Person, die ihm nun außerhalb des Zuchthauses begegnen sollte. Sie hatte eine Unterkunft für die ersten Tage besorgt und mit Zustimmung des Arbeitsamtes auch schon einen Arbeitsplatz als Lagerist in einer Möbelfirma ausfindig gemacht.

Koß war nun noch etwa 10 Meter von der Fürsorgerin entfernt, die ihm schon einen oder zwei Schritte entgegengegangen war. Da schob sich ein junges Mädchen, das zum Zug wollte, dazwischen. Koß blieb stehen, ja er trat sogar einen Schritt zurück, um ihr – wie es schien – Platz zu machen. Doch er griff mit einer raschen Bewegung nach der Handtasche des Mädchens und riß sie mit kräftigem Ruck an sich. Das Mädchen schrie. Die Bahnhofsmissions-Schwester erschrak und wollte eingreifen. Zu spät. Aus dem Hintergrund nahte bereits der Bahnpolizist, legte seine Hand auf die Schulter von Heribert Koß: „Sie sind vorläufig festgenommen, folgen Sie mir."

Raub ist ein Verbrechen, und daher verlangt die Strafprozeßordnung für den Angeklagten einen Pflichtverteidiger. Dies hier war ein klarer Fall, juristisch völlig problemlos. Daher genügte es in der Tat, einen Gerichtsreferendar zum Pflichtverteidiger zu bestellen. Der war ich.

Meine erste Amtshandlung war ein Besuch beim Angeklagten im Untersuchungsgefängnis. Unter vier Augen und ohne jede Kontrolle konnte ich mit Koß sprechen. Zunächst erzählte er mir von seiner tristen Jugend, er hatte früh die Eltern verloren und hatte keine Geschwister. Nachdem er sich ein wenig warmgeredet hatte, wollte ich zum Thema kommen und wissen, wie er zu diesem sinnlosen Handtaschen-Entwendungstick gekommen sei. Warum reiße er den Mädchen Handtaschen weg, von denen er gar nicht wisse, ob darin irgendetwas auch nur halbwegs Wertvolles zu finden sei. Ob die bisherigen Strafen, die langen und schmerzlichen Zuchthausjahre denn gar keinen Eindruck auf ihn gemacht hätten? Ich bekam keine Antwort. Nach einer langen Pause murmelte er nur vor sich hin: „Ich weiß es auch nicht, es packt mich halt einfach."

Die Hauptverhandlung vor der Großen Strafkammer dauerte knapp eine halbe Stunde. Der Sachverhalt war ja leider klar und nicht zu bestreiten. Der Staatsanwalt beantragte gegen den „gefährlichen Gewohnheitsverbrecher" wegen nächtlichen Straßenraubs im Wiederholungsfall acht Jahre Zuchthaus mit anschließender Sicherungsverwahrung. An sich sehe, so sagte er mit großem Ernst, das Gesetz in solchen Fällen auch die Todesstrafe vor. Weil Koß aber keine Waffe bei sich gehabt und das Tatopfer außer dem Schrecken keinen Schaden davongetragen habe, wolle er es bei einer Freiheitsstrafe belassen.

Dann kam ich als Verteidiger zu Wort: Das ganze sei kein Kriminalfall, jedenfalls nicht in erster Linie, sondern eigentlich ein medizinisches Problem. Ein ärztlicher Sachverständiger solle doch, so beantragte ich, die Schuldfähigkeit des Angeklagten prüfen. Das lehnte das Gericht ab. Seine pathologische Neigung sei ja schon aus den früheren Verfahren bekannt, und damals hätten die Ärzte festgestellt, daß die Schuldfähigkeit nicht gemindert sei. Der

Angeklagte müsse gegen seine schädliche Neigung eben ankämpfen, und eine entsprechende Freiheitsstrafe werde ihm das hoffentlich erleichtern. Das Urteil lautete auf sieben Jahre Zuchthaus mit anschließender Sicherungsverwahrung. Koß wurde abgeführt, ich habe nie mehr etwas von ihm erfahren.

30 Jahre später, im Sommer 1967, hatte ich einen besonders unangenehmen Fall zu verteidigen:

Witiko Plumhain, der jüngste von fünf Söhnen einer angesehenen Versicherungsdirektor-Familie, schlug zum Kummer seiner Eltern völlig aus der Art: Er hatte schon früh, kaum 14 und damit strafmündig geworden, mit der Polizei und dem Jugendgericht zu tun: Mädchengeschichten. Im Lauf der Jahre waren sechs oder sieben Strafverfahren gegen ihn durchgeführt worden, von „Beleidigung durch sexuell relevante Handlungen“ bis zu „versuchter Gewaltunzucht“ stand alles auf der Strafliste, was es auf diesem peinlichen Gebiet gibt. An Freiheitsentziehungen hatte Witiko Plumhain alles erfahren müssen, was das Gesetz für straffällige Jugendliche und Heranwachsende vorsieht: vom Wochenendarrest bis zum Jugendgefängnis.

Die verzweifelten Versuche der Eltern, der Lehrer, des Pfarrers, des Bewährungshelfers und aller wohlmeinenden Nachbarn und Freunde waren völlig ergebnislos geblieben. Ortsveränderungen und Ferien im Süden, Ablenkung durch Sport, Einrichtung eines Bastel- und Hobbyraumes, alles umsonst. Plötzlich kam wieder ein erzürnter Vater und beschwerte sich darüber, daß Witiko seine Tochter belästigt habe. Und dann kam auch wieder die Polizei: Verdacht der Vergewaltigung einer Minderjährigen.

Was sich da anbahnte, war eine Katastrophe für Witiko und die ganze Familie. Witiko war inzwischen 21 geworden, konnte also nicht mehr mit den Milderungen rechnen, die das Gesetz für Jugendliche und Heranwachsende zur

Verfügung stellt. Diesmal ging es nach Erwachsenenstrafrecht, und das konnte viele Jahre Freiheitsentzug bedeuten.

Die Hauptverhandlung ergab keine neuen Aspekte. Das Opfer, eine Fachoberschülerin, brauchte als Zeugin gar nicht mehr vernommen zu werden. Ihr wurde durch das Geständnis Witikos erspart, alles noch einmal erzählen zu müssen.

In meinem Plädoyer führte ich nun wieder aus, was ich vor gut 30 Jahren, damals erfolglos, als Referendar im Falle des Handtaschenräubers gesagt hatte: Das ganze sei doch weniger ein kriminalistischer als ein medizinischer Fall, man möge einen Nervenarzt als Sachverständigen bestellen. Aber auch in diesem Fall meinte der Staatsanwalt, das sei nicht nötig, denn schon in den früheren Verfahren habe man ärztliche Gutachten erholt, und dabei sei immer wieder klargeworden, daß man beim Angeklagten zwar eine starke Neigung für solche Taten feststellen könne, aber von einer Zurechnungsunfähigkeit oder auch nur einer Minderung der Schuldfähigkeit könne keine Rede sein. Seit dem letzten Verfahren sei aber, so erwiderte ich, gerade die nervenärztliche, die psychiatrische Wissenschaft ein gutes Stück weitergekommen. Man solle es wenigstens probieren, am besten mit einem Gutachten des gerichtsmedizinischen Instituts der Universität.

„Wenn Sie sich davon etwas versprechen, meinetwegen. Schaden kann es nicht", meinte der Vorsitzende. „Außerdem wissen wir ja, daß der Bundesgerichtshof in solchen Sachen immer einen Sachverständigen für erforderlich hält." Man beschloß also eine Untersuchung des Angeklagten und wies ihn auf die Dauer von vier Wochen in die Universitätsklinik ein.

Dort hatte man tatsächlich das Neueste an Untersuchungsmethoden und teueren Apparaten zur Verfügung. Man analysierte das Gehirn Witikos scheibchenweise durch farbige Röntgenaufnahmen. Was dabei herauskam, war eine große Überraschung und machte den Patienten

Witiko zum meist besprochenen Fall der Klinik. Das war der Fall, der bisher immer nur theoretisch und in Lehrbüchern diskutiert werden konnte: eine krankhafte Verdikkung der grauen Gehirnmasse. Das Gutachten war eindeutig: Hypertrophie des Sexualnervensystems mit zwangsläufigen Reaktionen, die eine Schuldfähigkeit völlig ausschließen. Heilung nur möglich durch Leukotomie. Leukotomie war damals das Neueste auf diesem Gebiet, eine sehr gefährliche Sache. Dabei wird die kranke Gehirnmasse regelrecht zerschnitten. Die Folge ist eine Entkrampfung des Nervensystems, eine weitere Folge aber ist die Veränderung der Persönlichkeit: Dämpfung und Minderung der Aktivität. Ein solcher Patient wird „harmlos".

Für eine solche Operation bedarf es natürlich der Zustimmung des Patienten. Diese war hier leicht zu bekommen. Witiko und seine ganze Familie waren froh, einen Ausweg aus dieser ausweglos scheinenden Situation endlich aufgezeigt bekommen zu haben.

Das Urteil war dann keine Überraschung mehr: Freispruch mangels Schuldfähigkeit. Auf meinen Vorschlag hin beantragte Witiko auch noch die Wiederaufnahme der früheren Strafverfahren mit dem Ziel der Aufhebung jener Urteile. Die Erkenntnis des neuen nervenärztlichen Gutachtens war eine „neue Tatsache, die die Freisprechung des Angeklagten zu begründen geeignet" war.

Witiko wurde Gärtner in einer städtischen Baumschule und war fürderhin als liebenswürdiger Arbeitskollege überall gern gelitten.

Briefmarken

Die Natur des Menschen ist so anfällig, daß auch die bestgemeinten und unschuldigsten Dinge unversehens in ein kriminalistisches Fahrwasser geraten können. Das zeigt die folgende Geschichte, die von den liebenswürdigen und harmlosen Papierchen handelt, die seit über hundert Jahren als Briefmarken in aller Welt verbreitet sind. In vier Stufen führt sie zu einem juristischen Höhepunkt, der zugleich ein menschlicher Tiefpunkt ist:

Ort der Handlung ist ein bayerisches Ministerium mit vielen hoheitlichen Zuständigkeiten und einem lebhaften Briefverkehr. Jeden Morgen gegen 10 Uhr brachte der Briefträger einen Sack voller Post in die Einlaufstelle.

Der erste Akt der Geschichte ist relativ harmlos: Fräulein Annagret Duval war die Herrscherin in dieser Einlaufstelle und hatte sich vorbehalten, alle Briefe persönlich zu öffnen. Dafür hatte sie eine eigene Methode entwickelt: Erst wurden die Briefe der Größe nach zu Häufchen gestapelt, dann wurden alle Umschläge aufgeschlitzt, und zwar auf drei Seiten, damit ja nicht irgendeine Beilage übersehen werden konnte. Sodann entnahm sie den Inhalt und drückte jeweils den Präsentations-Tagesstempel auf den Brief, möglichst so, daß man Datum, Diktatzeichen usw. noch lesen konnte. Dann schrieb sie mit Bleistift die Nummer des Referates auf die Schriftstücke und legte sie in die Abholfächer, von wo die Boten sie im Lauf des Vormittags mitnahmen. Die Briefumschläge jedoch behielt Fräulein Duval bei sich, wegen der Briefmarken. Ausländische und besonders schöne deutsche Marken nahm sie mit nach Hause, den Rest gab sie dem Missionsbüro, das sie pfundweise verkaufte und den Erlös für die Heidenmission verwendete.

Das ging nicht lange so, das zeigt der zweite Akt: Der Posten des Generalsekretärs, zuständig für die Organisation des Ministeriums, wurde mit einem jungen energischen Mann neu besetzt, und dieser verlangte, daß die Schriftstücke mit den Briefumschlägen zu den Akten gegeben werden. Das sei, so erklärte er, sehr wichtig, zum Beispiel für die Feststellung der genauen Adresse des Absenders, die ja manchmal auf den Briefbögen selbst fehle. Außerdem seien die Briefumschläge mit dem Eingang des Postgutes zum fiskalischen Eigentum geworden, das niemand so einfach an sich nehmen könne.

Fräulein Duval fand eine Kompromißlösung: Sie klammerte die Umschläge befehlsgemäß an die Briefe, schnitt aber vorher die Briefmarken für sich herunter. Auch das konnte dem Generalsekretär nicht gefallen, denn die Briefmarken seien ja ebenfalls fiskalisches Eigentum, und außerdem müsse man hin und wieder auf dem Poststempel nachschauen können, wo und wann der Brief aufgegeben worden sei.

Der dritte Akt brachte schon eine juristische Komplikation: Der Minister hatte nämlich von diesem Briefmarkenkleinkrieg erfahren. Selbst ein eifriger Sammler, konnte er seinem Generalsekretär nicht gut in die Parade fahren, denn die Briefmarken waren tatsächlich, wie die Rechtsabteilung des Ministeriums in einem kleinen Gutachten bestätigte, wesentliche Bestandteile der Briefumschläge und somit auch wesentlicher Akteninhalt. Allerdings hatte die Rechtsabteilung auch bestätigt, daß der Minister Herr über alle Ministerialpapiere war. Wenn er einen Durchschlag, eine Reklamebeilage des Postgiroamtes oder sonst ein offensichtlich überflüssiges Stück Papier nicht bei den Akten behalten wollte, konnte er es in den Papierkorb werfen oder werfen lassen. Warum sollte er nicht auch die Briefmarken für überflüssig erklären und daher an sich nehmen dürfen?

Er ging der Frage, was eine Briefmarke juristisch

betrachtet eigentlich sei, nicht weiter nach, denn mindestens aus psychologischen Gründen und zur Erhaltung seiner Glaubwürdigkeit und Autorität war es völlig ausgeschlossen anzuordnen, daß die Briefmarken bei ihm abgeliefert werden müßten. Eine Besonderheit aber wollte er doch beachtet wissen: Briefumschläge, die nicht an das Ministerium als solches adressiert waren, sondern „an den Herrn Bayerischen Staatsminister für ...“ sollten ihm persönlich vorgelegt werden. Aber das ließ sich praktisch nicht durchführen.

Mit dem vierten Akt beginnt nun das Verhängnis: Der Personalrat des Ministeriums hatte von der Briefmarkenjagd Wind bekommen und entwickelte eine „soziale Lösung“. Man solle, so wurde beschlossen, die Briefmarken wieder von Fräulein Duval ausschneiden lassen, sie aber, nach inländischen und ausländischen Marken getrennt, an einen Briefmarkenhändler verkaufen. Der Erlös solle dann der „Hilfskasse für besondere Notfälle“ zugeführt werden.

Das schien praktikabel. Der Minister gab die Genehmigung zur Veräußerung der Briefmarken, und Fräulein Duval schnitt wieder täglich die Briefmarken ab, freilich nicht mehr für sich selbst. Am Freitagnachmittag begab sie sich zu einem nahegelegenen Briefmarkengeschäft und bot die farbenfrohe Ware an: die vielen ausländischen Marken, die allerhand interessante Porträts aufgedruckt hatten, Marco Polo, Columbus und den einen oder anderen Papst, und die Blumenmarken und die Landschaftsbilder – die ganze Welt war da im kleinen eingefangen.

Doch der Briefmarkenhändler, den sie besuchte, zog nicht recht mit. Vielleicht versuchte er auch nur, den Preis zu drücken. Jedenfalls sagte er, das Ganze sei nicht viel wert. Als er aber erfuhr, daß jede Woche mit solchen Marken zu rechnen sei und daß doch hin und wieder interessante ausländische Exemplare dabei seien, wurde er zugänglicher. Er bot einen Pauschalpreis von 100 DM und ließ sich sogar auf 150 DM hinaufhandeln. Fräulein Duval merkte aber, daß sie anderswo mehr herausschlagen könne, und suchte immer wieder einmal andere Briefmarkenhändler auf. Konkurrenz belebt das Geschäft, und Wettbewerb läßt die Preise steigen, sagte sie sich.

Einer ihrer „Kunden", der Briefmarkenhändler A., kam eines Nachmittags in ihr Büro. Er meinte, man solle sich nicht so viel Mühe machen und ganz einfach einen Briefmarkenerwerbsvertrag mit ihm abschließen. Er würde dann jeden Freitag die Marken abholen und gleich an Ort und Stelle bezahlen.

Das konnte nun Fräulein Duval nicht selbst entscheiden. Sie ging zum Personalratsvorsitzenden, und dieser trug die Sache dem Beratergremium des Ministeriums vor. Die Antwort enttäuschte den cleveren A.: Man könne nicht einen bestimmten Händler monopolartig bevorzugen, man werde vielmehr nach einem festen Plan rundum alle berücksichtigen, die sich beim Ministerium bewürben. Das wollte nun A. nicht hinnehmen, und so verfiel er auf die im Geschäftsleben nicht ganz unübliche Idee einer „Handsalbe": Er bot Fräulein Duval fünf Prozent des Umsatzes als Provision an. Das erfuhren nun aber die Konkurrenten auf irgendeine geheimnisvolle Weise und fingen an, mehr zu bieten, so daß Fräulein Annagret Duval schließlich 12 bis 14 Prozent Provision kassieren konnte, pro Woche 20 bis 30 Mark, ein, wie sie meinte, unproblematischer Bagatellbetrag.

Der letzte Akt ist der traurigste: Die Sache flog auf, und Fräulein Duval kam vor Gericht. Als ihr Verteidiger mußte ich ihr sagen, daß bei dieser eindeutigen Sachlage ein Freispruch ausgeschlossen sei. Ich konnte aber immerhin in persönlichen Gesprächen mit Richter und Staatsanwalt erreichen, daß der Briefmarkenzwischenhändlerin eine öffentliche Hauptverhandlung, bei der allerhand ungebetene Leute hätten zuhören können, erspart wurde. Es ging mit einem schriftlichen Strafbefehl ab: 15 Tagessätze à

50 DM wegen „Vorteilsannahme im Amt“. Dazu bekam sie ein Jahr Beförderungssperre und wurde ins Ministerialarchiv versetzt. Die Briefumschläge samt den Briefmarken wurden fortan auf höchsten Befehl ausnahmslos in den Papierkorb geworfen. So, glaubte man, wären sie allen unkorrekten Manipulationen und menschlichen Versuchungen entzogen. Ob das zutrifft, muß sich erst zeigen. Die spitzfindige Frage, wie es denn rechtlich zu halten sei, wenn jemand Papiere, also auch Umschläge mit Briefmarken, aus dem Abfalleimer an sich nimmt, steht bis auf weiteres noch unbeantwortet im Raum.

Der aufgenötigte Vergleich

„Das Gericht soll in jeder Lage des Verfahrens auf eine gütliche Beilegung des Rechtsstreits oder einzelner Streitpunkte bedacht sein." So steht es aus gutem Grund in unserer Prozeßordnung.

Der berühmteste „Vergleichsrichter", den ich kennenlernte, war ein Landgerichtspräsident, ein gebürtiger Franke, der ausweislich seiner Prozeßstatistik 80 Prozent aller Klagen vergleichsweise zu erledigen verstand. Er hatte dazu ein reichhaltiges Lager an Sprichwörtern bereit. Nicht nur das von dem berühmten Spatz in der Hand, der oft mehr wert sei als die Taube auf dem Dach. Besonders erfolgreich war das Sprichwort: „Friede nährt, Unfriede zehrt", von dem er mühelos den Übergang zu dem Risiko fand, das jeder Prozeß mit sich bringe. Wenn man durch drei Instanzen hindurch prozessiere und dann der Bundesgerichtshof, von dem man ja nie genau wisse, wie er entscheide, das zunächst gefällte Urteil nicht bestätige und womöglich die Sache zur erneuten Verhandlung zurückverweise, dann sei viel Zeit vertan und seien viele Kosten entstanden. Für den Unterliegenden könne so eine Sache den regelrechten Ruin bedeuten.

Des Landgerichtspräsidenten Geduld in dieser Beziehung schien unerschöpflich, er sprach zwei oder auch drei Stunden auf die Parteien und ihre Anwälte ein. Besonders Hartnäckige rief er schon am Tag vorher an, sie möchten sich doch genügend Zeit für ausgedehnte Vergleichsverhandlungen nehmen. Wenn dann etwa ein Anwalt gleich zu Beginn einer solchen Güteverhandlung erklärte, er müsse kategorisch darauf hinweisen, daß ein Vergleich unter gar keinen Umständen in Frage komme, war jener Landgerichtspräsident noch lange nicht am Ende seines

Lateins, dann sprach er mit den zu diesem Zweck vorgeladenen Parteien unmittelbar: Es sei schließlich ein alter Lehrsatz, daß man niemals „niemals" sagen solle, das gelte nicht nur für die große Politik, sondern auch für die kleine.

Ausgerechnet bei diesem Richter passierte mir nun folgendes: Ich hatte einen Geschäftsmann zu vertreten, der sich durch einen Zeitungsartikel in seiner Ehre und in seinem Kredit geschädigt sah. Mit der Gegenseite hatten wir nach einigem Hin und Her einen außergerichtlichen Vergleich zustandegebracht, der, wie häufig in solchen Fällen, in einem „qualifizierten Leserbrief" bestand. Der Verlag wollte seine Behauptung nicht förmlich widerrufen, das schädige, so meinten die Herren, „die Reputation des Hauses", und der beleidigte Geschäftsmann war froh, daß ohne einen langen Prozeß und bevor die Leser die ganze Geschichte vergessen hätten, schon in der nächsten Nummer die so mühsam vereinbarte „Klarstellung" erscheinen sollte.

In solchen Fällen wird also in der ja ganz gern gelesenen Leserbriefspalte an erster Stelle und mit einer etwas größeren Überschrift dann etwa folgendes mitgeteilt:

„Leere Kassen
Unter dieser Überschrift hatten wir in unserer letzten Wochenendausgabe berichtet, die Firma Euroball sei zahlungsunfähig und könne ihre Lieferverpflichtungen binnen kurzem aller Wahrscheinlichkeit nach nicht mehr erfüllen. Wir hatten diese Mitteilung aufgrund einer vertraulichen Information im Rahmen unserer grundgesetzlich geschützten Informationspflicht publiziert und stehen nun, dem guten Stil demokratischer Pressearbeit verpflichtet, nicht an, auch der anderen Seite das Wort zu erteilen: Die Firma Euroball ist, wie uns die Geschäftsführung glaubhaft mitteilt, keineswegs zahlungsunfähig, sie wird lediglich im Rahmen größerer Konsortialpläne mit der Firma Interball fusioniert; die Lieferver-

träge werden prompt erfüllt werden. Verlag und Redaktion fügen gerne an, daß sie keinen Grund haben, an der Verläßlichkeit dieser ergänzenden Information über die bekannte Firma zu zweifeln."

Mit diesem Vergleichstext in der Tasche marschierten der Gegenanwalt und ich zur vorgesehenen Terminstunde in den Justizpalast. Die ganze Sache konnte, so meinten wir, erfahrungsgemäß nur einige Minuten dauern. Vergleichsabschlüsse kommen ja immer „gleich dran", das heißt, die Anwälte, die eine regelrechte Gerichtsverhandlung durchzuführen haben, müssen warten, bis der Vergleich protokolliert ist.

Der Vorsitzende und seine beiden Beisitzer erschienen pünktlich, und wir meldeten uns zu Wort, um unsere Vergleichsabsicht kundzutun. Den vorbereiteten Text hatten wir in der Hand und zeigten ihn dem Richter über den Tisch weg. Statt aber Notiz von uns zu nehmen, ergriff der Vorsitzende gleich selbst das Wort: Die Sache sei ja allseits gründlich vorbereitet, die Anwälte hätten Klagebegründung und Klageerwiderung rechtzeitig vorgelegt, das Gericht habe keine weiteren Fragen und werde sich nur kurz zurückziehen; die Herren möchten gleich im Saal bleiben, man werde sofort wieder da sein.

Mein Kollege und ich sahen uns verdutzt an und konnten uns diese Eile des sonst so bedächtigen Vorsitzenden ganz und gar nicht erklären. Noch überraschter waren wir, als die Richter nach wenigen Minuten tatsächlich wiederkamen, sich aber nicht mehr hinsetzten, sondern gleich stehenblieben, was immer ein Zeichen dafür ist, daß nun ein Urteil verkündet wird. Der Vorsitzende verlas das Urteil auch sofort. Es lautete dahin, daß der Verlag verpflichtet sei, in der nächsten zur Drucklegung noch nicht abgeschlossenen Nummer der Zeitung die vom Kläger verlangte Berichtigung abzudrucken, die Prozeßkosten habe der Verlag zu tragen.

Nach der Verhandlung ging ich zum Richter, um mir erklären zu lassen, was hier eigentlich los sei. „Ja, Sie waren vielleicht etwas überrascht, aber Sie müssen mich verstehen“, sagte der Richter ein wenig verlegen und entschuldigend. „Die Sache ist nämlich so: Ich stehe an zur Beförderung an das Oberlandesgericht. Und da darf jeder Richter sich aus seiner Produktion drei Urteile heraussuchen, die er für besonders gelungen hält, und diese werden von einem höheren Richter überprüft und als Grundlage für die Beförderungsqualifikation verwendet. Gar so viele Urteile habe ich ja nun“, fügte er ein bißchen eitel lächelnd an, „nicht vorzuweisen, Sie wissen schon, warum, außerdem ist gerade Ihr Fall besonders interessant, denn die Rechtsprechung über Berichtigungen in Pressesachen ist noch im Fluß, und da konnte ich sozusagen schöpferisch tätig werden, indem ich die bisher entwickelten Gedanken in der Rechtsprechung und in den Kommentaren fortführte. 38 Seiten hat meine Urteilsbegründung. Wenn Sie jetzt mit einem Vergleich dahergekommen wären, so wäre meine ganze Arbeit umsonst gewesen.“ Das müsse ich schließlich verstehen, meinte er.

Ich verstand es nicht. Auch mein Kollege, dem ich von dieser Unterredung berichtete, verstand es nicht.

Der Kaufmann war bereit, bei dem vorher ausgehandelten Vergleich zu bleiben, obwohl er den Prozeß, freilich zunächst nur in erster Instanz, gewonnen hatte. Er wußte ja in der Tat nicht, wie die nächste Instanz entscheiden würde und fühlte sich auch moralisch ein bißchen verpflichtet, zu seinem Wort zu stehen.

Zum Glück fanden mein Kollege und ich einen Ausweg: Die Parteien und ihre Anwälte können nämlich auch nach Erlaß eines Urteils noch in derselben Instanz einen Vergleich schließen, solange ein Urteil nicht rechtskräftig ist. Rechtskräftig, also unanfechtbar, wird es erst einen Monat nach Zustellung. Daher beantragten wir beide schriftlich, einen Vergleichstermin anzuberaumen, in dem dann das

Gericht und der Protokollführer gehalten waren, den von uns vorbereiteten Vergleich zu protokollieren.

So kamen wir doch noch zu unserem angestrebten Vergleich, und das verkündete Urteil verlor dadurch seine Wirkung. Ob es der Landgerichtspräsident seinen Qualifikationsunterlagen zum Zwecke der Beförderung dennoch beigefügt hat, als Übungsarbeit sozusagen, konnte ich nicht erfahren.

Plünderung

6 Uhr früh, kräftiges Läuten an meiner Dritten-Stock-Wohnung an der Theresienwiese. Ich war zufällig da, weil ich zwei Tage Wehrmacht-Urlaub bekommen hatte. Durch das Milchglasfenster der Eingangstüre sah ich, daß zwei Personen vor der Türe standen. Das konnte nichts Gutes bedeuten. Ich öffnete. „Kriminalpolizei". Die Herren hatten einen Haftbefehl in der Hand, ein mir aus meinem Berufsleben wohlbekanntes Formular, das schon an seiner roten Farbe leicht zu erkennen war.

Zunächst erschrak ich, denn man war ja im Dritten Reich nie davor sicher, daß irgendwie irgendein politisches Verfahren gegen einen lief. „Bei Ihnen wohnt ein Fritz Karrmann. Der soll sich anziehen und sofort mitkommen."

Ich war es also nicht, den sie suchten. Und Fritz Karrmann wohnte tatsächlich bei mir. Er war ein gutmütiger, träumerischer junger Mann, den man zu nichts recht brauchen konnte. Er lebte von milden Gaben. Als ihn niemand mehr aufnehmen wollte, hatte der Pfarrer mich gebeten, den Ruhelosen „für ein paar Tage" bei mir übernachten zu lassen.

So weckte ich meinen Schlafgast. Während er sich anzog, bat ich, mir den Haftbefehl zu zeigen. Er war vom Sondergericht München ausgestellt und wegen des dringenden Verdachts der „Plünderung unter kriegsbedingten Verhältnissen" erlassen worden. Der Beschuldigte habe, so hieß es in der Begründung, „unter Ausnutzung der zur Abwehr von Fliegergefahr getroffenen Maßnahmen ein Verbrechen oder Vergehen gegen Leib, Leben oder Eigentum begangen", er habe nämlich während eines Luftangriffs im Luftschutzkeller der Soundsostraße eine dunkelbraune Damen-Ledertasche „in der Absicht an sich gebracht, sie sich zuzueignen". Ich prägte mir, obwohl mich die Sache eigentlich nicht weiter berühren konnte, routinemäßig das Aktenzeichen ein, das links oben auf dem Haftbefehl stand: „1 Js So ../44".

Als die Polizisten mit Karrmann gegangen waren, wurde mir die Situation erst so richtig klar: Karrmann mußte mit der Todesstrafe rechnen. Was tun?

Zum Glück kannte ich einen Cartellbruder, der mit mir studiert hatte, und in dessen Familie ich schon mehrmals zum Kaffee eingeladen gewesen war. Er war wegen eines kleinen Fußleidens vom Wehrdienst freigestellt und Staatsanwalt beim Sondergericht geworden. Vielleicht konnte der helfen. Um ihn ja nicht zu verfehlen, rief ich noch vor 7 Uhr früh in seiner Wohnung an und erzählte ihm den Fall Karrmann mit der dringenden Bitte, sich der Sache doch anzunehmen. Ich hielte es für völlig ausgeschlossen, daß dieser gutmütige, indolente Träumer einen Diebstahl begangen habe. Der Staatsanwalt kannte den Fall natürlich nicht, und so war es gut, daß ich ihm das Aktenzeichen nennen konnte. Er werde, so versicherte er mir, der Sache nachgehen. Ich solle abends wieder anrufen, aber in seiner Wohnung bitte.

Und wirklich ist der Staatsanwalt noch am selben Vormittag persönlich ins Polizeigefängnis gegangen, um den Beschuldigten zu vernehmen. Ihm war auch klar – was Karrmann noch lange nicht begriffen hatte –, daß es hier um Kopf und Kragen ging.

Bei dieser Vernehmung stellte sich folgendes heraus: Um 13.22 Uhr war Fliegeralarm gegeben worden. Karrmann, der gerade die Suppe aß, die er in einem Schwabinger Pfarrhof bekommen hatte, begab sich in den Luftschutzkeller des Pfarrhofs und döste dort in einer Ecke vor sich hin. Die Entwarnung um 14.02 Uhr hätte er beinahe verschlafen, und so verließ er als letzter den Keller. Dabei sah er neben einem Holzstoß eine braune Ledertasche auf dem Boden liegen. Er hob sie, was seiner Bequemlichkeit eigentlich ein wenig widersprach, auf: Die mußte wohl jemand vergessen oder verloren haben.

Inzwischen hatte die Eigentümerin ihre Tasche vermißt und kehrte noch einmal in den Keller zurück. Sie fand sie nicht, und Karrmann war inzwischen durch einen anderen Ausgang ins Freie gegangen. Die Frau rief nun, wieder an die Oberfläche zurückgekehrt, den Umstehenden zu: „Meine Tasche ist weg, man hat sie mir gestohlen!". Während die Umstehenden sich nach dem Dieb umblickten, kam Karrmann gemächlich von der anderen Ecke des Hofes daherspaziert, in der Hand die Tasche. Der Luftschutzwart stellte im Bewußtsein der Autorität seines Amts sofort fest: „Da haben wir ihn ja!"

Karrmann hatte überhaupt nicht kapiert, warum hier, wo der Luftangriff doch nun vorbei war, eine solche Aufregung herrschte. Er gab die Tasche widerstandslos dem Luftschutzwart, und dieser händigte sie mit wichtigtuerischer Gebärde der Frau aus. „Und Sie zeigen mir Ihren Ausweis und kommen mit mir in mein Dienstzimmer", befahl er Karrmann. Der ging anstandslos mit. Der Luftschutzwart setzte sich an die Schreibmaschine und nahm ein Protokoll auf. „Betreff: Plünderung im Luftschutzkeller des Anwesens Nr.... durch Fritz Karrmann, wohnhaft bei Gritschneder, ...-straße".

Mein Freund, der Staatsanwalt, nahm nun seinerseits bei seinem Besuch im Untersuchungsgefängnis ein Protokoll auf. Danach war die Sache ungefähr so, wie der Luftschutzwart sie geschildert hatte, aber eben nur ungefähr. Der Staatsanwalt fügte hinzu, daß der unvorbestrafte Karrmann ganz offensichtlich nicht die Absicht gehabt habe, die Tasche sich zuzueignen, die er ja nicht einmal geöffnet gehabt habe. Er habe sie als letzter im Luftschutzkeller lediglich mitgenommen, um sie der vermutlich oben wartenden Eigentümerin auszuhändigen. Für einen solchen Mangel an Zueignungsabsicht spreche auch die Bekundung des Gastgebers, der Karrmann auf Empfehlung des

Pfarrers aufgenommen habe. Er beantrage daher die Aufhebung des Haftbefehls und beabsichtige, das Ermittlungsverfahren einzustellen.

Am nächsten Tag kam Fritz Karrmann wieder. Ihm war immer noch nicht klar geworden, in welcher Lebensgefahr er geschwebt hatte. Einige Tage wohnte er noch bei mir, bis ihm der Pfarrer eine Stelle als Küchenhilfskraft bei der Caritas vermitteln konnte. Ich habe ihn aus den Augen verloren.

Der Staatsanwalt jedenfalls überlebte den Krieg. Nicht nur ich habe ihm nach dem Krieg seine humanitäre und korrekte Amtsführung bescheinigt. Er wurde ein hoher Richter und lebt nun im wohlverdienten Ruhestand. Ab und zu unterhalten wir uns über jene absonderlichen Zeiten, und dabei ist hin und wieder einmal auch von dem lebensgefährlichen Luftschutzkeller-Plünderungsfall die Rede.

Schrift ist Gift

Jeder Verteidiger wird immer wieder einmal gefragt, welches eigentlich sein merkwürdigster, sein interessantester, sein aufregendster Fall gewesen sei. Ich habe meinen wirklich merkwürdigsten Fall bisher verschwiegen, denn er ist so extrem unwahrscheinlich, daß ich immer fürchtete, niemand würde mir glauben, und man würde mich für den phantasielosen Erfinder einer schlecht erlogenen Geschichte halten. Nun möchte ich es aber doch einmal riskieren. Zweiflern kann ich nur meinen persönlichen Kredit als unvorbestrafter Zeitgenosse und die anwaltliche Versicherung anbieten, daß sich die Geschichte Wort für Wort so zugetragen hat, wie ich sie nun also endlich erzählen werde:

In der Schreibstube unserer Wehrmachteinheit hatte ich 1941, kurz nach dem deutschen Überfall auf Rußland, einen pfälzischen Musikalienkaufmann zugeteilt bekommen, der mich bei jeder Gelegenheit darauf hinwies, daß Adolf Hitler und seine Genossen die größten Verbrecher der Welt seien und obendrein auch die größten Dummköpfe, denn einen so aussichtslosen und schlecht geführten Krieg habe seit zehntausend Jahren noch niemand vom Zaun gebrochen. Das konnte er mir ungefährdet erzählen, denn ich war (und bin) derselben Meinung.

Ein oder zwei Jahre nach dem Krieg kam mein einstiger Schreibstubenkollege zu mir in die Kanzlei. Ich sollte ihn verteidigen, der Staatsanwalt hatte ihn wegen „Fragebogenfälschung“ angeklagt. Es handelte sich um den damals von der Militärregierung vorgelegten etwa einen Meter langen Fragebogen, den jeder, der eine Wohnung, eine Arbeitsstelle, Lebensmittelkarten oder sonst irgend etwas wollte, auszufüllen hatte. Der Fragebogen verlangte vor allem Angaben über die „braune" Vergangenheit des Befragten. Mein Besucher hatte den Fragebogen dahin ausgefüllt, daß er weder Mitglied der Nationalsozialistischen Deutschen Arbeiterpartei noch Mitglied der SA, der SS und so weiter gewesen sei.

Nun hatten die Alliierten aber die Kartei gefunden, in der das NS-Organisationsamt seinerzeit alle Parteimitglieder und alle Mitglieder von NS-Organisationen erfaßt hatte. In dieser Kartei stand auch jener pfälzische Kaufmann als Mitglied der NSDAP und weiterer NS-Gliederungen verzeichnet, und zwar war das entsprechende Blatt mit allen Personalangaben und Mitgliedschaften handschriftlich ausgefüllt und unterschrieben. Handschrift und Unterschrift, die ich von unseren gemeinsamen Schreibstubentätigkeiten her bestens kannte, stammten ganz offensichtlich von dem „Angeklagten". Dieser jedoch versicherte mir, daß er niemals irgendeiner NS-Formation angehört habe: Ich müßte doch aus unseren lebensgefährlichen Unterhaltungen von damals wissen, welcher Anti-Nazi er gewesen sei; keinesfalls habe er den ihm in Fotokopie vorgezeigten Erfassungsbogen für die NS-Kartei ausgefüllt. Wie seine Schrift und seine Unterschrift in jene Kartei komme, dafür habe er keine Erklärung, das sei ihm völlig schleierhaft.

Die Strafverhandlung vor dem Amtsgericht in München war rasch vorbei. Schrift ist Gift. Die beiden damals prominentesten Schriftsachverständigen waren der Kriminalbeamte Wilhelm Ruml (1946–1962 beim Polizeipräsidium München, zuletzt Oberamtmann und Leiter der Abteilung Erkennungsdienst) und dessen Lehrer Johann Rubner (von 1920 bis etwa 1943 Inspektor beim Polizeipräsidium München, Abteilung Erkennungsdienst). Die beiden bestätigten vor Gericht, anhand der eingeforderten Schriftprobenvergleiche könne nicht der geringste Zweifel daran bestehen, daß der Angeklagte mit eigener Hand jenes NS-Formular ausgefüllt und unterschrieben habe, daß also seine anderslautenden Angaben im Fragebogen der Militärregierung unrichtig seien.

Mein Klient wurde, wie viele Fragebogenfälscher jener Wiederaufbautage, verurteilt, zu einer Geldstrafe. Auch ich hätte ihn, wäre ich der Richter gewesen, nicht freigesprochen. Der Verurteilte bedrängte mich, Berufung zum Landgericht einzulegen. Ich hielt das zwar für aussichtslos, kam aber diesem Wunsch dennoch nach, schon deshalb, um nicht ein Leben lang den Vorwurf zu hören, man hätte es wenigstens probieren sollen.

Einige Tage vor der Berufungsverhandlung kam nun die Schwester meines Klienten zu mir. Sie wollte mir klarmachen, daß sie es gewesen sei, die damals, etwa 1938, dieses NS-Karteiblatt ausgefüllt und mit dem Namen ihres Bruders unterschrieben habe. Der Vater sei nämlich fanatischer Nazi gewesen und habe von den Kindern verlangt, daß sie der Partei beiträten, und da ihr Bruder sich geweigert habe, habe sie um des lieben Familienfriedens willen ohne Wissen des Bruders das Formular ausgefüllt und mit seinem Namen unterschrieben und dem Ortsgruppenleiter gebracht. Das werde sie als Zeugin in der zweiten Instanz bekunden und beschwören.

Ich warnte dringend vor einem solchen Manöver, denn die Schriftsachverständigen würden ihre Aussage als plumpe Lüge der Schwester zugunsten ihres angeklagten Bruders entlarven, und dann falle sie noch wegen Meineides herein, das sei die ganze Sache doch wirklich nicht wert. Warum komme sie übrigens erst jetzt, in der zweiten Instanz, daher, wo sie doch schon beim Amtsgericht ihren Bruder hätte entlasten können. Darauf hatte sie allerdings die schlüssige Antwort, sie habe erst jetzt erfahren, daß ihre damalige Urkundenfälschung mittlerweile verjährt und infolge einer Amnestie ohnedies nicht mehr strafrechtlich verfolgbar sei.

Die Schwester ließ sich nicht aufhalten und erschien pünktlich zur Hauptverhandlung im ersten Stock des

Justizpalastes als Zeugin. Um ein Unglück zu vermeiden, unterrichtete ich vor Terminsbeginn schnell noch den Vorsitzenden, Landgerichtsdirektor Dr. Wilhelm Kempf, von dem wahnsinnigen Vorhaben der Zeugin. Kempf, ein erfahrener Strafrichter, ließ sich nicht beirren und meinte, das werde er gleich ins Geleise bringen. Er bat die Beteiligten, also die Beisitzer, den Staatsanwalt, den Angeklagten, die Zeugin und mich – nicht aber die bereits wartenden Schriftsachverständigen – in den Gerichtssaal, und zwar zu einer „orientierenden Besprechung", die noch nicht die eigentliche Verhandlung sei, sondern nur eine unverbindliche Vorerörterung. Dabei forderte er die resolute Schwester des Angeklagten auf, sie möge doch vor dem Richtertisch Platz nehmen und mit ihrem Füllfederhalter noch einmal den Text zu Papier bringen, der auf jenem NS-Karteiblatt stand. Das waren immerhin gut zwanzig Zeilen. Und nun solle sie auch noch mit dem Vornamen und dem Familiennamen ihres Bruders unterschreiben. Alles unverbindlich und sozusagen außerhalb des Protokolls, aber doch für jedermann sichtbar. Dann ließ sich der Vorsitzende das Blatt aushändigen und bat den ersten Sachverständigen herein. Er gab ihm den Bogen und fragte ihn, ob das die Schrift des Angeklagten sei; sie sei ihm ja aus zahlreichen Schriftproben bekannt. Der Sachverständige ging ans Fenster, nahm die Lupe und betrachtete Zeile für Zeile. Er brauche, so antwortete er, keine Pause und keine lange Überlegungszeit, bemerkte einiges über „typischen Duktus", „Schriftniveau" und „Unterlängen nebst charakteristischen Verstärkungen bei Abwärtsbögen". Kein Zweifel: Das sei die Schrift des Angeklagten.

Alles schwieg. Nun rief der Richter den zweiten Sachverständigen. Die Spannung im Saale wuchs. Die gleiche Frage und – die gleiche Antwort: Ganz zweifellos die Schrift des Angeklagten.

Ich sehe noch den erst fassungslosen und dann fragenden Blick des Richters auf den Staatsanwalt. Dieser schaltete rasch, bat, nun in aller Form in die Hauptverhandlung einzutreten und beantragte von sich aus, ohne daß wir anderen noch lange zu Wort kommen konnten, das Urteil des Amtsgerichts aufzuheben und den Angeklagten freizusprechen. So geschah es auch.

In den folgenden Jahren traf ich beide Sachverständige immer wieder einmal vor Gericht, und jedesmal redete ich sie auf diese Geschichte an, und jedesmal erzählten sie mir etwas von „Erbfaktoren“, die bei Geschwistern so verblüffend ähnliche und geradezu identische Handschriften zur Folge haben könnten.

Wenn nun die Schwester nicht mehr gelebt hätte und wenn es sich statt um eine vergleichsweise harmlose Anklage wegen Fragebogenfälschung um eine Mordanklage gehandelt hätte, bei der ein Brief entscheidend gewesen wäre? Dann säße der rechtskräftig verurteilte Musikalienhändler aus der Pfalz wohl ein Leben lang unschuldig hinter Gittern, denn an seiner Urheberschaft bezüglich des ihn einwandfrei überführenden Briefes hätten die Sachverständigen ja „nicht den geringsten Zweifel“ gehabt.

Anhalter

Wenn der 24. Dezember auf einen Mittwoch fällt, ist es mit dem „Verkehrsaufkommen" auf den Autobahnen nach Süden besonders schlimm. Dann sind nämlich die folgenden vier Tage arbeitsfrei, und jeder, der nur irgendwie kann, nützt sie zu einem Kurzurlaub in den Alpen. Die unvermeidliche Begleiterscheinung ist dann verständlicherweise eine verstärkte Verkehrskontrolle.

An einem solchen 24. Dezember wurde ich vom Chauffeur eines recht vermögenden Mandanten, gleich nach dem vornehmen Mittagessen, das sich an die Konferenz angeschlossen hatte, in einem dunkelblauen Mercedes von Nürnberg nach München gefahren. Für die kommenden Tage waren Schnee und Kälte angesagt, heute aber nieselte es nur ein wenig, eine Mischung von Regen und schütterem Schnee.

An der Autobahnauffahrt stand ein kleines Männlein, angetan mit einem Lodenmantel, und in der Hand eine Tafel „Bitte nach München". Auf der linken Ecke neben der Schrift waren die beiden Frauentürme gezeichnet. Zwischen den Beinen hatte der Anhalter eine prall gefüllte Aktentasche auf dem Boden stehen. Am rechten Arm hing ihm ein Regenschirm (der noch eine besondere Rolle spielen sollte).

Der Chauffeur warf einen kurzen fragenden Blick zu mir herüber. „Sie sind der Kapitän", antwortete ich, „wenn Sie einverstanden sind, heute ist ja Weihnachten, dann nehmen wir den Wandergesellen mit."

Das Männlein stieg ein. „Ich bin Ihnen ja so dankbar, heute ist für mich nämlich ein besonderer Tag." Ich achtete nicht weiter auf diese Begrüßung, sondern rutschte nach links hinter den Chauffeur, der Anhalter setzte sich rechts neben mich.

Es mochten 20 Minuten vergangen sein, wir hatten noch kein Wort miteinander gesprochen, da hielt uns an einer Rastplatzausbuchtung die Polizei an. Der Chauffeur hatte wohl die „80 km" nicht beachtet und war mit über 100 Stundenkilometern durch die diesige Landschaft gefahren. „Ihre Papiere, bitte. Sie sind 103 km/h gefahren. Das ist um über 25 Prozent zuviel." Mit diesen Worten warf der Polizist sein Regencape ein wenig zurück. „Das geht nicht mehr mit einer gebührenpflichtigen Verwarnung ab, ich muß Anzeige erstatten." Mit diesen Worten zog er ein Notizbuch heraus, das er mit der unteren Kante gegen seine Brust drückte, die linke Hand legte er dabei um die obere Notizbuchkante. Der Chauffeur gab ihm die Papiere und sah ein wenig verlegen zu mir herüber. Er erwartete wohl eine kleine Hilfe von mir. „Herr Oberwachtmeister", begann ich, die Höflichkeit ein wenig übertreibend, „darf ich mich hier einmischen?" Ich stieg aus dem Wagen, um eine bessere Gesprächsatmosphäre zu schaffen, und gab dem Beamten meine Karte. Er warf einen kritischen Blick darauf: „Ja, wenn Sie Rechtsanwalt sind, dann müssen Sie ja eigentlich wissen, wie gefährlich solche Geschwindigkeitsüberschreitungen sind, fast die Hälfte aller Unfälle kommt vom zu hohen Tempo. Tut mir leid, ich muß solche Fälle zur Anzeige bringen."

Inzwischen war auch unser Mitfahrer ausgestiegen und versuchte seinerseits, mit dem Beamten ins Gespräch zu kommen. Er brachte seinen Regenschirm mit, zog seinen Paß heraus und nannte auch seinen Namen, den der Polizist sogar notierte. Das Gesprächsklima wurde ein wenig lockerer, zumal unser Gast den Schirm aufgespannt und somit eine Art Dreier-Gesprächsrunde hergestellt hatte. Nur der Fahrer war am Steuer sitzen geblieben. Plötzlich mußte der Ordnungshüter – die Kälte und der allmählich stärker werdende Regen mögen daran schuld gewesen sein – niesen, und deshalb sein Taschentuch herausholen. „Bitte sehr, darf ich Ihnen behilflich sein", sagte der Anhalter und nahm ihm für einen Augenblick das Notizbuch aus der Hand. Dabei erzählte er mit seiner schwäbelnden, leicht singenden Stimme eine Anekdote von Karl Valentin, deren Witz, wenn ich mich recht erinnere, darin bestehen sollte, daß ein Regenschirm ohne Bespannung immer noch besser sei als gar kein Regenschirm. „Ja, ja, Karl Valentin", antwortete der Polizist, „mein Vater hat ihn noch gesehen und mir oft davon erzählt. Da weiß ich auch eine Geschichte ..."

So ging es an die zehn Minuten hin und her, und wieviele Autos inzwischen mit ebenfalls überhöhter Geschwindigkeit vorbeigefahren sein mochten, konnten wir nur schätzen. Da sagte unser Anhalter etwas abrupt, es beginne ihn zu frieren, er steige wieder ein. Auch ich nahm Platz. Der Verkehrspolizist schlug sein Regencape wieder um die Schultern. „Grüß Gott und auf Wiedersehen!"

Wir saßen wieder nebeneinander, der Anhalter und ich. Nachdem wir jetzt ein kleines gemeinsames Erlebnis gehabt hatten und uns sozusagen ein bißchen nähergekommen waren, fand mein Nachbar nichts dabei, mich etwas zu fragen: „Sie sind doch, wie ich gehört habe, Rechtsanwalt?" „Ja. Aber hoffentlich haben Sie jetzt keinen ‚Fall' für mich, ich bin nämlich theoretisch bereits im Urlaub." „Einen Fall habe ich gerade nicht, Herr Doktor, im Gegenteil, mein Fall ist heute zu Ende gegangen." Diese etwas rätselhafte Wendung quittierte ich mit einem fragenden Blick. „Ihnen kann ich es ja sagen, und für Sie ist es vielleicht gar nichts Besonderes, ich komme nämlich eben aus dem Gefängnis. Wegen Weihnachten bin ich ein paar Tage früher entlassen worden, eigentlich sollte ich erst am 31. Dezember herauskommen."

Das war nun doch eine unerwartete Offenbarung. Ich suchte das Überraschende dieser Mitteilung ein wenig herunterzuspielen, indem ich in möglichst gelassenem Tonfall antwortete: „So gefährlich sehen Sie aber gar nicht aus." „Bin ich auch nicht, ich habe noch niemandem etwas Böses getan, aber mein Pech ist meine Veranlagung. Ich bin nämlich von Geburt an belastet: Kleptomanie.“ Ich griff automatisch an meine Rocktasche. Mein Nachbar bemerkte das sehr wohl: „Haben Sie keine Angst, ich werde mich tadellos benehmen.“ Dann fuhr er fort, seine Geschichte zu erzählen: Schon in der Schule habe es ihm ein höllisches Vergnügen bereitet, die Aufsatzhefte zu vertauschen und dem Lehrer die Schulaufgabentexte aus der Aktentasche herauszupraktizieren. Bei Einladungen habe er dem unwiderstehlichen Trieb nachgegeben, Gabeln und Kaffeelöffel in seine Tasche verschwinden zu lassen, die er dann freilich am nächsten Tag samt einem Blumenstrauß wieder zurückgegeben habe. Um den Wert der entwendeten Sachen ging es ihm dabei gar nicht, nur die Lust am raschen und unbemerkten Griff wollte er genießen. Dieses sein Talent habe übrigens auch positive Seiten: Bei Theaterveranstaltungen seines Heimatvereines sei er als eine Art Zauberkünstler hervorgetreten und habe den Gästen ihre Krawatten, Hosenträger, Brillenfutterale und Brieftaschen abgenommen, ohne daß diese es merkten. Nach der Vorstellung habe er alles wieder zurückgegeben und dafür meist eine kleine Spende bekommen. Einmal habe ihm seine Kunstfertigkeit einige Jahre russischer Gefangenschaft erspart. Er sei nämlich, als man sein Taschenspielertalent entdeckt hatte, immer wieder einmal zu den Kasinoabenden der russischen Kommandantur befohlen worden. „Die Russen haben ja bekanntlich eine Vorliebe für Circus, Akrobatik und Zauberkunststücke. Das Wichtigste dabei war für mich, daß ich an solchen Abenden immer etwas Ordentliches zu essen bekam und am nächsten Tag bis Mittag ausschlafen durfte.“ Außerdem habe es ihm eine große Freude und Genugtuung bereitet, wieder in seinem „Fach“ arbeiten zu können, so wie ein Pianist sich freut, wenn er irgendwo ein Klavier entdeckt.

An einem solchen Festabend hatte ihn nun der Kommandant, der aus irgendeinem Grund ganz gut deutsch sprach, zur Seite genommen und ihm einen Spezialauftrag erteilt: „Wenn Sie es fertigbringen, dem Politruk den Orden, den er mit so viel Stolz trägt, von der Uniform zu nehmen und dafür dieses Eiserne Kreuz Erster Klasse anzustecken, schicke ich Sie in 14 Tagen mit dem nächsten Heimkehrerzug nach Hause.“ (Solche Orden waren im Gefangenenlager gegen Brot und Zigaretten ja immer wieder zu haben.)

Dem Kommandanten lag sehr viel am Gelingen dieses Experimentes, denn gegen Mitternacht war der General angesagt, und den mußte der Politruk begrüßen. Und wenn er dabei statt des Sowjet-Ordens das deutsche EK I an seiner Uniform hatte, gab es ein Riesendonnerwetter, vielleicht sogar eine Versetzung in die Mongolei, und das wünschten die Offiziere diesem widerlichen Kommissar schon lange.

Das Kunststück gelang in der Tat, wobei vielleicht auch eine gewisse Rolle gespielt haben mochte, daß der Kommissar nicht mehr ganz nüchtern war, als an seiner Uniform herumgetappt wurde. Was der General dann mit ihm anstellte, konnte der Zauberkünstler nicht mehr erfahren, denn er mußte vorher ins Lager zurück. Der Lagerkommandant aber hielt Wort, und unser Tausendsassa bekam den Entlassungsschein und eine Heimkehrerbestätigung und war bereits im Sommer 1946 wieder in seiner schwäbischen Heimat.

Nun fragte ich doch, warum er im Gefängnis gewesen sei. Er fing an, eine umständliche Geschichte von Kreditkarten zu erzählen, mit denen man aus Geldautomaten Geldscheine hervorholen kann. Es sei ihm gelungen, nach und nach etwa ein Dutzend solcher Karten ihren unaufmerksamen Besitzern wegzunehmen; die Schwierigkeit sei nur, die dazugehörige Geheimnummer zu erfahren.

Ganz habe ich die Geschichte nicht mehr mitbekommen, es war keine Zeit mehr, da wir inzwischen in München-Nord angelangt waren, und da wollte unser Anhalter aussteigen. Er nahm seine Aktentasche, auch den Schirm vergaß er nicht: „Vielen Dank, fröhliches Fest, schönen Urlaub, und nochmals vielen Dank!“ Nach diesem Abschiedsgruß ging er aber nicht hinter dem Wagen herum, sondern vorne am Mercedes-Stern vorbei, so daß der Fahrer noch einen Augenblick warten mußte. Dann klopfte er ans linke Vorderfenster und bat mit einer kurbelnden Handbewegung, es herunterzulassen. „Und ganz besonderen Dank auch für Sie, Herr Chauffeur, und als kleines Weihnachtsgeschenk darf ich Ihnen das überreichen. Das habe ich eigens für sie besorgt.“ Mit diesen Worten reichte er dem Fahrer das – vom Regen leicht angenäßte – Notizbuch in den Wagen, in das der Polizist hinter Nürnberg die Geschwindigkeitsüberschreitungen und die dazugehörigen Autonummern notiert hatte. Dann verschwand er im Winternebel der abendlich dämmernden Großstadt.

Mündliche Verhandlung

Eine besonders stolze Errungenschaft unserer modernen Prozeßordnung ist das Mündlichkeitsprinzip. „Die Verhandlung der Parteien über den Rechtsstreit vor dem erkennenden Gericht ist eine mündliche", so steht es in unserer Prozeßordnung von 1877, der Text wurde 1950 sprachlich ein wenig geglättet: „Die Parteien verhandeln über den Rechtsstreit vor dem erkennenden Gericht mündlich."

In den Kommentaren ist die Bedeutung dieses Prinzips jeweils nicht ohne Hinweis darauf erwähnt, daß es nun mit dem mittelalterlichen Verfahren zu Ende sei, wonach nur das galt, was in den Akten stand, und man den Richter vielfach gar nicht zu Gesicht bekam. Man nahm es – und das zeigt den geradezu rücksichtslosen Ernst, mit dem man dieses Mündlichkeitsprinzip hochhält – in Strafprozessen auf sich, ganze Bücher, über deren Unsittlichkeit zu entscheiden war, stundenlang von A bis Z in der mündlichen Verhandlung vorzulesen, um ein solches Buch wirklich und nachweisbar „zum Gegenstand der Hauptverhandlung" zu machen. Denn nur was zum Gegenstand der mündlichen Hauptverhandlung gemacht wird, darf dem Urteil zugrundegelegt werden.

Die tägliche Gerichtspraxis freilich hat diesen Grundsatz ziemlich abgeschliffen, und zur Vorbereitung der mündlichen Verhandlung eingereichte Schriftsätze brauchen schon lange nicht mehr im vollen Wortlaut von den Anwälten verlesen zu werden. Lediglich die Anträge müssen sie noch mündlich vortragen. Aber auch das erwies sich im Gedränge der Termine als recht zeitraubend, und so kam es zu dem Gerichtsbrauch, daß der Vorsitzende zum Klägervertreter gleich sagt: „Sie verlesen also Ihre Klageanträge“ (er nennt dabei das Datum des schriftlich eingereichten Antrags) „und Sie“, so fährt er zum Gegenanwalt gewandt fort, „verlesen Ihren Klageabweisungsantrag ...“. Dann notiert der Protokollführer, daß die Prozeßbevollmächtigten ihre Anträge „verlesen“ haben.

Besonders reduziert und ein wenig würdelos ging es bei Scheidungsprozessen immer schon zu. Die Richter einer Scheidungskammer des Landgerichts hatten ja nicht selten zehn bis fünfzehn Scheidungen an einem Vormittag zu bewältigen, und dabei wurde das, was gesprochen wurde, auf das Allernotwendigste beschränkt, weil schon die nächsten Parteien ungeduldig vor dem Gerichtssaal warteten. Seit einigen Jahren finden solche Scheidungsverhandlungen nicht mehr vor den drei Richtern des Landgerichts, sondern vor dem Einzelrichter des Amtsgerichts statt. Aber was ich hier noch aus der Zeit jener landgerichtlichen Verhandlungen zu berichten habe, gilt entsprechend auch heute noch für die Scheidungsprozesse vor dem Amtsgericht.

Im Münchner Justizpalast gab es in den sechziger Jahren einen ganz besonders gewandten und raschen Scheidungskammervorsitzenden. Die zwei richterlichen Beisitzer saßen jeweils stumm und teilnahmslos dabei, nicht selten blätterten sie im Gesetzbuch oder in juristischen Zeitschriften oder hatten sich andere Akten bringen lassen, um sie mit den nötigen Unterschriften zu versehen. Insofern ist es gar nicht unlogisch, daß neuerdings nur mehr ein einziger Scheidungsrichter, nämlich der Einzelrichter am Familiengericht des Amtsgerichts, solche Prozesse führt und entscheidet.

Die Anwälte kannten natürlich die Praktiken gerade dieses „Scheidungsschnellrichters“, der sozusagen mit dem Bagger alle Ehelandschaften im Nu umpflügte. Und das veranlaßte den immer zu Späßen aufgelegten Rechtsanwalt Ignaz Huber, genannt „Huber III“, zu einer recht absonderlichen Wette, an die man sich heute noch mit Schmunzeln erinnert. Er setzte 100 DM dafür, daß er als Prozeßbevollmächtigter eines Scheidungsklägers eine solche mündliche Verhandlung bei diesem Richter von Anfang bis zum Ende hinter sich bringe, ohne auch nur ein einziges Mal den Mund aufzumachen.

Ich hatte bei Gericht zu tun, hatte aber noch Zeit bis zum Beginn meiner Verhandlung und deshalb bat mich Kollege Huber III, als Schiedsrichter für diese Wette zu fungieren. So stenografierte ich alles genau mit, teils aus Langeweile, teils übungshalber. Die Verhandlung dauerte acht Minuten, es war eigentlich keine Verhandlung, sondern ein Monolog des Vorsitzenden folgenden Wortlauts:

„Jetzt kommt die Sache Bremelberger gegen Bremelberger. Da erscheint der Kläger – Sie sind Herr Josef Bremelberger? – mit seinem Prozeßbevollmächtigten Rechtsanwalt Huber III und die Beklagte – Sie sind Frau Anna Bremelberger? – mit ihrem Anwalt Meier V." Dabei blickte er mit hochgezogenen Augenbrauen nach links, wo die Protokollführerin saß, um zu veranlassen, was diese ohnehin schon getan hatte, nämlich das Erscheinen der Beteiligten ins Protokoll zu stenografieren.

„Herr Bremelberger, Sie sind deutscher Staatsangehöriger", während dieser Worte legte Rechtsanwalt Huber den für Scheidungsprozesse notwendigen Staatsangehörigkeitsnachweis des Klägers kurz auf den Richtertisch und nahm ihn, nachdem der Vorsitzende ihn knapp drei Sekunden lang angesehen hatte, wieder an sich.

„Herr Rechtsanwalt, Sie stellen Ihren Klageantrag vom ...", dabei nickte Rechtsanwalt Huber III, „und Sie", dabei blickte er kurz Rechtsanwalt Meier V an, „werden keinen Antrag stellen, sondern bitten, nach Sachlage zu entscheiden." Meier V konnte gerade noch „Jawohl, Herr Vorsitzender" sagen, als dieser schon fortfuhr:

„Also, Herr Bremelberger, treten Sie bitte einmal vor. Sie werden jetzt verantwortlich zu Protokoll einvernommen, das heißt, Sie können die Aussage natürlich auch verweigern, aber wenn Sie aussagen, muß es stimmen, sonst können Sie strafrechtliche Schwierigkeiten bekommen. Ihren Namen haben wir schon, Sie sind 38 Jahre alt und Ehemann der Beklagten. Soviel ich aus den Akten sehe, hat Ihre Frau Sie in Anwesenheit der beiden Kinder mehrmals einen ‚besoffenen Hammel' genannt, außerdem ‚Hurenbock'. Das haben Sie als schwere Beleidigung empfunden, und diese Beleidigung haben Sie auch nicht verziehen? Und Sie, Frau Bremelberger, wenn Sie sich dazu äußern wollen, das steht Ihnen natürlich frei, aber Sie wollen sich nicht äußern?" Die beiden Anwälte hatten gerade noch Zeit, bejahend zu nicken, da begann die Protokollführerin schon, die „Aussagen" der beiden vorzulesen: „Ich heiße Bremelberger Josef ... Meine Frau hat mich mehrmals vor unseren beiden Kindern ‚besoffener Hammel' und ‚Hurenbock' genannt ...". (Dabei konnte man wieder einmal bemerken, wie auch den weiblichen Gerichtspersonen ordinäre Ausdrücke beim Verlesen von Aktenstücken mühelos über die Lippen kommen.) „Ich heiße Bremelberger Anna ... Ich möchte mich zu dieser Sache nicht äußern; ich mache von meinem Zeugnisverweigerungsrecht Gebrauch."

„Ja, also gut", ergriff der Vorsitzende rasch wieder das Wort, „Sie werden nun Ihren Scheidungsantrag stellen, Herr Rechtsanwalt, und Sie Ihren Antrag, nach Sachlage zu entscheiden. Dann ergeht nach geheimer Beratung im Namen des Volkes folgendes Urteil ...". Bevor er weitersprach, wandte der Vorsitzende sich einmal kurz nach links und einmal kurz nach rechts, um die stumme Zustimmung der beiden Beisitzer einzuholen, woraufhin die Protokollführerin vermerkte, daß das Urteil „nach geheimer Beratung des Gerichts" zustandegekommen sei. Das war nicht einmal unkorrekt, denn schon das Reichsgericht hatte entschieden, und der Bundesgerichtshof hat sich dem angeschlossen, daß die Beratung auch durch kurze, stumme Verständigung der Richter untereinander stattfinden kann, ohne daß man sich deshalb ins Beratungszimmer zu bemühen brauche.

Der Vorsitzende verkündete also das Urteil: „I. Die vor dem Standesamt in ... am ... geschlossene Ehe der Parteien wird aus Verschulden der Beklagten geschieden. II. Die Verfahrenskosten trägt die Beklagte."

Bei dieser Urteilsverkündung standen die Richter gar nicht erst auf, wie es sonst bei Urteilsverkündungen noch weitgehend üblich ist. Sie hatten allerdings ihr Barett aufgesetzt, alle drei, um den Charakter einer feierlichen Staatshandlung wenigstens anzudeuten. Während der Vorsitzende nun das Barett gleich wieder abnahm und neben die Akten auf den Richtertisch legte, fragte er noch „Rechtsmittelverzicht?", und als beide Anwälte nickten, begann er bereits den Unterhaltsvergleich zu verlesen, den die scheidungswilligen Gatten sich von ihren Anwälten hatten formulieren lassen, und den diese bereits zu den Akten gegeben hatten: „Sodann schlossen die Parteien folgenden Vergleich: 1. Der Kläger zahlt der Beklagten zwei Jahre lang monatlich 150 DM Unterhaltspauschale. 2. Die Beklagte verzichtet auf etwaige weitere Unterhaltsbeträge für Vergangenheit, Gegenwart und Zukunft. 3. Der Kläger erklärt ausdrücklich, daß er gegen die Beklagte keine Unterhalts- oder sonstigen Forderungen mehr hat. 4. Die Kosten des Vergleichs werden gegeneinander aufgehoben."

Diesen Vergleichstext las die Protokollführerin, weil es die Prozeßordnung so vorsieht, auch noch einmal vor, schnell und gelangweilt. Der Vorsitzende bemerkte sodann halb fragend, halb fordernd: „Einverstanden?!" und sah die Parteien und die Prozeßbevollmächtigten ein vorletztes Mal kurz an. Rechtsanwalt Huber III nickte lediglich wieder mit dem Kopf, und Gegenanwalt Meier V hatte noch einmal Gelegenheit, schnell „Jawohl, Herr Vorsitzender" zu sagen. Huber III machte zur Protokollführerin mit zwei erhobenen Fingern noch ein V-Zeichen, so wie Churchill es im Zweiten Weltkrieg als „Victory"-Hoffnung eingeführt hatte. Das bedeutete hier aber nur, daß er zwei Abschriften des Protokolls samt Urteil bestelle, was die Protokollführerin noch flugs notierte. Es eilte ja, denn schon während der letzten Worte hatte der Vorsitzende nach dem nächsten Akt gegriffen: „Pfretschner gegen Pfretschner ..."

Die beiden Anwälte, Huber III und Meier V, bekamen aufgrund dieser mündlichen Verhandlung je eine Prozeßgebühr, eine Verhandlungsgebühr und eine Beweisgebühr. Das waren bei einem Regelstreitwert von 4000 DM immerhin je 600 DM plus Postgebührenpauschale und Auslagenersatz. Kollege Huber kassierte dazu noch die erwetteten 100 DM, verdientermaßen, denn er hatte es ja durchgestanden, bei dieser „mündlichen" Verhandlung den Mund nicht ein einziges Mal aufzumachen.

Dämon Alkohol

An einem sonnigen Spätsommernachmittag Anfang September, etwa 14 Tage vor dem Oktoberfest, meldete sich bei mir eine Ciquitta P. Sie müsse mich sofort sprechen, sie habe nämlich eine wichtige amtliche Mitteilung bekommen.

Diese wichtige amtliche Mitteilung war ein Formularblatt „Aufforderung zum Strafantritt".

Ciquitta gehörte nicht direkt zum sogenannten ältesten Gewerbe der Weltgeschichte; sie war lediglich in einem der dubiosen Lokale zwischen Hauptbahnhof und Oktoberfestwiese als „Gesellschafterin" angestellt. So stand es jedenfalls in ihrem Arbeitsvertrag. Vielleicht wäre der treffendere Ausdruck „Animierdame" gewesen, oder „Animateuse". Ihre Aufgabe war es, die Männer charmant zu unterhalten und vor allem zu ausgiebigem Alkoholgenuß zu veranlassen. Von jeder Flasche Sekt, die da zu Höchstpreisen serviert wurde, bekam sie 20 Prozent und durfte bzw. mußte außerdem selber fest mittrinken. Sie fand das ganz unterhaltsam, denn die Männer erzählten bei solchen Gelegenheiten allerhand Interessantes aus ihrem Berufsleben, auch recht intime Geschichten aus ihrer Ehe. Manche waren sogar ein bißchen traurig und weinten sich aus, so daß Ciquitta sich wie eine Hilfsseelsorgerin vorkommen konnte.

Was ihr nicht recht bekam, waren die enormen Alkoholmengen, die sie mit lauter Zuprosten konsumieren mußte. Gegen Abend, wenn die Vormittags- und Nachmittagskundschaft gegangen war – nachts hatte Ciquitta keinen „Dienst" –, fühlte sie sich zwar recht angeregt und high, aber auch ziemlich groggy. In diesem Zustand passierte ihr dann das, was den Fall so einmalig macht, daß er mir deutlich in Erinnerung geblieben ist: Eines Abends verließ Ciquitta bei Beginn der Abenddämmerung ihr Lokal und ging einige hundert Meter weiter zur Arnulfstraße. Diese führt geradewegs vom Westen zum Hauptbahnhof und ist eine der wenigen Straßen mitten in der Stadt, in denen die Straßenbahn noch ungehemmt ihre 50 bis 60 Stundenkilometer fahren kann. Die daherratternden Straßenbahnzüge faszinierten unsere Ciquitta schon immer, und heute überfiel sie der absonderliche, unwiderstehliche Drang, sich quer über die Schienen zu legen und zu warten, ob der Trambahnfahrer rasch und kräftig genug bremsen konnte, – und in ihrer alkoholisierten Hochstimmung gab sie diesem Drang tatsächlich nach. Es dauerte nur wenige Minuten, bis das Singen der Schienen die nahende Tram ankündigte. Ciquitta genoß das stürmische Bimmeln der Fahrerglocke und wartete gespannt auf das Knarren und Knarzen der Notbremse, was sich besonders rauh anhörte, als der Fahrer noch Sand auf die Schienen rieseln ließ. Mit einem harten Ruck kam die Bahn wenige Meter vor der scheinbar Lebensmüden zu stehen. Der Fahrer und einige Gäste stiegen aus, fluchten und schimpften aber überraschenderweise nicht, sondern sahen nur erstaunt und fragend auf die immer noch am Boden liegende Ciquitta.

Alsbald war die Funkstreife alarmiert, und Ciquitta landete zur Fertigung eines kleinen Protokolls auf dem Revier und dann in der Ausnüchterungszelle. Staatsanwalt und Gericht reagierten natürlich prompt auf die polizeiliche Anzeige. Sie definierten dieses ungewöhnliche Vorkommnis als „im Vollrausch begangene vorsätzliche Straßenverkehrsgefährdung"; das Strafgesetzbuch sieht dafür immerhin Freiheitsstrafe bis zu fünf Jahren vor. Doch Ciquitta bekam nur eine Geldstrafe, die sie als gutverdienende Angestellte leicht zahlen konnte.

Es dauerte nur vier Wochen, bis Ciquitta, wieder voll des teuren Sektes, erneut das Bedürfnis verspürte, einen Straßenbahnbremstest dieser Art zu unternehmen. Diesmal bekam sie schon einen Monat Freiheitsstrafe, allerdings mit Bewährung, und nun, nachdem sie zum drittenmal das Reaktionsvermögen des Straßenbahnfahrers auf diese ungewöhnliche Weise auf die Probe gestellt hatte, hatte sie – und das war der Anlaß ihres Besuches bei mir – sechs Wochen Freiheitsstrafe ohne Bewährung bekommen. „Hier muß einmal Ernst gemacht werden", habe der Richter gemeint und keine Strafmilderungsgründe mehr gelten lassen.

Mit diesem rechtskräftigen Strafurteil und mit der Ladung zum Strafantritt am Montag, dem 15. September, im Frauengefängnis Aichach in der Hand, kam also Ciquitta P. zu mir.

Ich mußte ihr sagen, daß hier nichts mehr zu machen sei. Auch für ein Gnadengesuch sähe ich keine Möglichkeit. Vielleicht könnte sie, so meinte ich, während der sechs Wochen Knast überlegen, wie sie künftig jeweils nach Dienstschluß allen Straßenbahnen aus dem Weg gehen könnte.

„Schon, schon", antwortete sie, „das wär' vielleicht nicht schlecht." Sie sehe ja ein, daß sie zu Recht verurteilt worden sei, und wenn sie ihr eigener Richter gewesen wäre, hätte sie sich nicht freigesprochen. „Aber ..."

„Ja, was gibt es hier noch für ein ‚Aber'?" fiel ich ihr nun doch etwas ungeduldig ins Wort.

„Aber ich will nicht gerade während des Oktoberfestes in den Knast", erklärte sie mir nun. „Nach dem Oktoberfest meinetwegen, dann macht mir die Haft in Aichach nicht mehr viel aus, aber gerade während des Oktoberfestes geht unser Geschäft ja am besten."

Das Anliegen der Ciquitta war also: Strafaufschub.

Ich hätte ihr vielleicht nicht helfen sollen. Aber die Verantwortung lag ja schließlich bei der Gnadenabteilung des Justizministeriums bzw. bei dem Oberstaatsanwalt, der für solche Kleinkriminalität einmaligen Strafaufschub genehmigen konnte. Für den Justizbeamten war das eine Routinesache. Der hatte täglich Dutzende solcher Strafaufschub-Gesuche zu beantworten und hatte sich längst abgewöhnt, jedes genau zu prüfen, auf seine Argumente abzuklopfen und womöglich eine umständliche Korrespondenz zu provozieren. Er genehmigte solche Gesuche einfach, jedenfalls dann, wenn es „Erstgesuche" waren und wenn ein Anwalt sie einreichte. „Wegen der wirtschaftlichen Dispositionen der Verurteilten" wurde der Strafantritt um einen Monat hinausgeschoben.

Ich hatte die Geschichte schon fast vergessen, als mich Ende September „Verteidigerpost" aus Aichach erreichte. Ciquitta P. bat dringend um meinen Besuch. Ich hatte nun ohnedies in einer sehr viel ernsteren Sache im Frauengefängnis zu tun und konnte so ohne viel Umstände auch Ciquitta besuchen. Was sie mir eröffnete, war eine echte Überraschung: Sie fühle sich – es war das erstemal, daß ich so etwas hörte – im Gefängnis ausgesprochen wohl. Der Tagesablauf sei gut geregelt, und vor allem müsse sie keine Männer animieren und keinen Alkohol trinken. Der abrupte Entzug von Sekt und Wein und Schnaps habe ihr gar nichts ausgemacht, und sie wolle nie mehr in ihre „Nahkampfdiele" zurück. Ich möge dem Chef in ihrem Namen kündigen, aber möglichst höflich, denn „er soll nicht böse sein."

Die zweite Überraschung: Sie möchte auf keinen Fall mehr mit irgendwelchen Alkoholgeschichten zu tun haben. Sie denke an eine Art Kontrastprogramm. Was ich davon hielte, wenn sie sich um die Konzession für eine Milchbar bewerbe?

So viel Einsicht und so gute Vorsätze konnte ich nicht einfach ignorieren. Die Lösung des Arbeitsverhältnisses mit dem Barbesitzer war kein Problem, er fand rasch eine andere „Gesellschafterin". Wie aber zu einer Konzession für die Milchbar kommen? Das Gewerbeamt würde todsicher nein sagen, schon im Hinblick auf die Strafliste der Ciquitta. So kam es dann auch. Gerade für einen Lebensmittelhandel fehle der Bewerberin die erforderliche Zuverlässigkeit.

Mit Rechtsmitteln und Verwaltungsgerichtsprozessen ist gegen eine solche Genehmigungsverweigerung natürlich nichts zu machen. So verlegte ich mich sozusagen auf die menschliche Seite der Angelegenheit und besuchte den Chef des Gewerbeamtes, einen altgedienten Oberamtmann, persönlich. Er hörte sich mein Plädoyer für eine Milchbar geduldig an, meinte aber dann doch, er sei schon so oft mit illusionären Hoffnungen und phantasievollen Darlegungen enttäuscht worden, daß er sich nicht entschließen könne, hier ja zu sagen. Eine wegen Alkoholdelikten wiederholt Vorbestrafte und eine Milchbar – das gehe einfach nicht zusammen. Ich flüchtete nun in einen Kompromißvorschlag: Ob er nicht eine befristete Probezulassung genehmigen könne. Nach vier Wochen würde sich ja herausstellen, ob die „Ciquitta-Milchbar" ein solides Unternehmen sei. Schließlich müsse man jedem Sünder Gelegenheit zur Besserung geben.

Nach einigem Hin und Her entschloß sich der Oberamtmann: „Ja, probieren kann man es einmal. Sie soll bei mir vorbeischauen."

So geschah es. Die Milchbar war rasch eingerichtet, denn die neue Milch-Bardame hatte ja ein hübsches DM-Polster, mit dem sie die Handwerker bezahlen konnte. Sie eröffnete an einer belebten Ecke nahe einer U-Bahn-Station die „Milchbar Ciquitta". Es gab dort alles, was mit Milch nur irgendwie zusammenhängt: Magermilch, Vollmilch, Buttermilch, Milchmix, Schlagsahne, Kefir, Käse aller Sorten. Die Schuljugend kam allmorgendlich zur „Joghurtparty". Das Geschäft blühte. Der Verein Anonymer Alkoholiker hatte zudem ein schönes Plakat angebracht. Darauf war ein junges Paar zu sehen und darunter in dicken Buchstaben zu lesen: „Wir wollen unsere Jugend genießen und nicht vergiften."

Nun hatte ich freilich eine Sorge: Würde Ciquitta rückfällig werden? Die so oft gelobte Rehabilitierung Vorbestrafter gibt es nämlich so gut wie überhaupt nicht. Ein bis zwei Prozent mögen es sein, die nicht rückfällig werden. Vielleicht gehörte Ciquitta dazu?

Seither sind aber über zehn Jahre vergangen, unfallfrei. Hin und wieder mache ich beim Gang zum Gericht einen kleinen Umweg und schaue bei meiner ehemaligen Mandantin vorbei. Sie steht, noch immer unverheiratet, weiß gewandet und lebhaft mit den verschiedenen Flaschen, Päckchen und Bechern hantierend im Laden, weiß jedem Besucher ein freundliches Wort zu sagen und begrüßt mich jedesmal mit einem Satz, den die Umstehenden nicht recht verstehen sollen: „Da kommt ja meine Straßenbahnbekanntschaft!“

Das Letzte Wort

Bevor der verehrte Leser sich der nachfolgenden, äußerst unwahrscheinlichen Geschichte zuwendet, muß ich ihn bitten, mit mir folgenden mathematischen Sachverhalt in sein Bewußtsein zu rücken. Er wird dann nicht mehr behaupten, diese Geschichte sei „völlig unmöglich". Sie hat leider den Nachteil, wahr zu sein.

Also: Wenn sechs Millionen Menschen gleichzeitig würfeln, dann wird ziemlich genau eine Million einen Sechser haben. Wenn diese eine Million Menschen noch einmal würfelt, wird bei einem Sechstel von ihnen, also bei etwa 166667, wieder ein Sechser obenauf liegen. Wenn diese nun ein drittes Mal würfeln, werden ungefähr 27778 schon zum dritten Mal einen Sechser erzielen. Nach dem sechsten Wurf werden es etwa 129 Würfler sein, die fortan ihr Leben lang erzählen können, daß sie, vielleicht sogar unter notarieller Aufsicht, sechsmal hintereinander die Glückszahl gewürfelt haben. Welche von den sechs Millionen „Ausgangspersonen" nun diese 130 sein werden, das kann natürlich niemand voraussagen, aber daß es um die 130 sein werden, das ist zwingend, vielleicht sind es nur 100, vielleicht sind es gar 150, ein bißchen Spielbreite hat der Zufall ja auch bei großen Zahlen.

Was wir hier von einer Glücksserie erfahren haben, gilt leider auch umgekehrt von einer Unglücksserie. So würden bei unserem Würfelversuch natürlich auch etwa 130 Würfler übrigbleiben, die sechsmal hintereinander eine Eins, also die niedrigste Zahl, ausgespielt haben.

Ein Fall, in dem auf unwahrscheinlichste Weise eine Serie dummer Zufälle mitspielte – und nur diese Zufallshäufung war es, die die Betroffene sogar ins Gefängnis brachte –, ist der Fall der Buchhaltungssekretärin Josepha

Traumfaller. Buchhaltungssekretärin, das heißt konkret: In einer fernen, computerlosen Zeit hat sie auf einer Schreibmaschine mit einem besonders breiten Wagen die Bilanzen und die Rechnungen ihrer Firma zu Papier gebracht, ein Schreibgut voll Zahlenkolonnen, Rubriken und Saldierungen, eine Tätigkeit, die bei allen Sekretärinnen denkbar verhaßt war. Unsere Josepha hatte aber eine Vorliebe für solche komplizierten Schreibwerke und war daher wohlgelitten bei ihrem Chef. Außerdem hatte sie vor zwei Monaten geheiratet, einen Bundesbahnbeamten, genauer gesagt: den Pförtner der Bundesbahndirektion, mit Dienstwohnung direkt im Direktionsgebäude. Sie hätte also zufrieden sein können.

Das Pech, das ihr widerfahren und sich zu einer Pechsträhne entwickeln sollte, hatte seinen Ursprung in einem kleinen Fehltritt, den sie sich in einer Art Übermut leistete:

Am Samstag, dem 10. Mai 1969, ging Frau Traumfaller zum Einkaufen in ein größeres Haushaltwarengeschäft in der Münchner Innenstadt. Auf dem Weg zum Untergeschoß stand auf einer Konsole eine holzgeschnitzte Madonna, etwa dreißig Zentimeter groß, ein schönes Stück. Diese Statue nahm Frau Traumfaller, als sie gerade unbeobachtet war, an sich und steckte sie schnell in die Einkaufstasche. Wieder ins Freie gelangt, fragte sie sich, was sie mit dieser Statue eigentlich anfangen solle, und beschloß, sie einem Antiquitätenhändler zu verkaufen. Also ging sie zum Viktualienmarkt, wo ringsum eine Reihe Antiquitätenhändler ihre Läden hat. Einen, der gerade unter der Türe stand, redete sie an: „Hätten Sie Interesse an einer holzgeschnitzten Madonna?" Der Händler besah sich das Stück mit Kennerblick, neigte den Kopf ein bißchen nach rechts und meinte: „Dafür bekommen Sie gut und gern an die 200 DM." Unsere Buchhaltungssekretärin handelte noch ein wenig, und man einigte sich auf 250 DM. Sie möge einen Augenblick warten, meinte der Händler, er hole schnell das Geld aus seiner Wohnung über dem Laden, weil er größere Beträge nicht gerne in seiner Handkasse verwahre. „Zwei Minuten bitte!"

Wer nach zwei Minuten kam, war die Funkstreife. Die Statue war nämlich gar nicht Eigentum des Haushaltwarengeschäfts gewesen, sondern nur eine Leihgabe, und der Ausleiher war ausgerechnet der Antiquitätenhändler, dem unsere Madonna-Ladendiebin die Statue verkaufen wollte. Das war ihr Pech.

Nun verlegte sich unsere Josepha aufs Jammern. Sie sei jung verheiratet, habe eine gute Arbeitsstelle, und das Ganze sei doch gar nicht so schlimm. Daß die Madonna so wertvoll sei, habe sie nicht gedacht.

Der Händler, ein gutmütiger Mann, war froh, seine Statue wiederzuhaben und bat die Polizisten, wieder abzuziehen, er möchte die junge Frau nicht dem Staatsanwalt ausliefern. „Geht leider nicht", sagte der Funkstreifenbeamte. Das sei ein Offizialdelikt, Offizialdelikte würden von Amts wegen verfolgt, sobald die Polizei davon Kenntnis erlange, Rücknahme der Strafanzeige könne den Gang der Dinge nicht mehr aufhalten.

In diesem Stadium kam Josepha Traumfaller zu mir. Sie erzählte mir von ihrem Pech und vergaß nicht, auf ihre schwere Jugend hinzuweisen. Sie sei als eine Art Waise im „Münchner-Kindl-Heim" aufgewachsen, und da sei es ihr gar nicht so gut gegangen. Dennoch habe sie als einzige ihrer Gruppe, und das noch dazu mit guten Noten, die Handelsschule absolviert und es sozusagen zu etwas gebracht. Verführt und angesteckt durch jene Umgebung, habe sie sich früher dazu verleiten lasse, einige kleinere Diebstähle zu begehen, aber das sei nun schon einige Jahre her und spiele hier wohl keine Rolle mehr ...

An dieser Stelle ihrer Beichte mußte ich sie unterbrechen und fragen, wie das mit den früheren Diebstählen gewesen sei. Dabei stellte sich heraus, daß sie deswegen sogar schon einmal eingesperrt war; nach Verbüßung dieser Gefängnisstrafe war sie am 12. Mai 1959 entlassen worden.

Nun lag nach dem damaligen Gesetz kein gewöhnlicher Diebstahl vor, sondern ein Rückfalldiebstahl, wenn „seit der Verbüßung der letzten Strafe bis zur Begehung des neuen Diebstahls“ noch keine zehn Jahre verflossen waren.

Es gehörte nicht viel Rechenkunst dazu, festzustellen, daß unsere Josepha die Madonna zwei Tage zu früh entwendet hatte. Hätte sie den Diebstahl nicht am Samstag, dem 10. Mai 1969, begangen, sondern am Montag darauf, dann läge die Verbüßung der letzten Strafe mehr als zehn Jahre zurück, und die Mitnahme der Madonna wäre nur ein einfacher Diebstahl gewesen, bei dem man in aller Regel mit einer Geldstrafe davonkommt. Aber so war die Mindeststrafe drei Monate Gefängnis, und Josephas Pech entwickelte sich zur Pechsträhne.

Nachdem der Fall so klar und die Täterin geständig war, fand die Hauptverhandlung vor dem damals noch in der Au residierenden Amtsgericht alsbald statt. Die Verhandlung dauerte zunächst keine zehn Minuten. Verlesung der Anklageschrift: Die Beschuldigte hat am 10. Mai 1969 im Geschäftshaus Sowieso eine Statue im Wert von mindestens 250 DM entwendet und sich angeeignet. Sie gibt das zu. Da sie innerhalb der Rückfallfrist schon wegen Diebstahls bestraft worden ist, liegt Rückfall vor; da bei der im übrigen ordentlichen Lebensführung der Angeklagten mildernde Umstände bejaht werden können: Mindeststrafe (drei Monate).

Ein gewisses Problem war nur noch die Bewährungsfrist. Meine Klientin stand ja in Arbeit und konnte nicht einfach drei Monate „unbezahlten Urlaub“ nehmen, und auf gar keinen Fall wollte sie dem Personalchef ihre Bestrafung zur Kenntnis bringen. Ich bedankte mich daher in meinem Schlußplädoyer zunächst für die verständnisvolle Würdigung, die der Fall auch beim Herrn Staatsanwalt gefunden habe, und bat um Bewährungsfrist. Der Richter ließ gleich durch eine zustimmende Handbewegung erkennen, daß er dieser Bitte gern nachkommen werde, und der Staatsanwalt stand noch einmal kurz auf und murmelte: „... nichts dagegen."

Der Richter setzte schon an, den Urteilstenor zu schreiben, der ja vor der Verlesung schriftlich niedergelegt werden muß, wandte aber seinen Blick noch einmal auf die Angeklagte: „Frau Traumfaller, Sie haben das letzte Wort, Sie werden sich wahrscheinlich Ihrem Herrn Verteidiger anschließen ..."

Josepha Traumfaller erhob sich von der Anklagebank und sagte gelöst und liebenswürdig nur: „Jawohl, Herr Richter, ich bitte halt vor allem um Bewährungsfrist – wie das letzte Mal."

„Wie bitte ...?" fragte der Richter. „Was heißt, ‚das letzte Mal'?" „Ja, so wie im letzten Herbst halt", antwortete die Sünderin, die noch nicht begriffen hatte, was passiert war.

Frau Traumfaller war nämlich, was weder ich noch der Richter noch der Staatsanwalt wußten oder auch nur vermuteten, voriges Jahr wegen eines anderen Diebstahls verurteilt worden und hatte Bewährungsfrist zugebilligt bekommen. In den Akten und in der Strafliste war das noch nicht vermerkt.

„Einen Augenblick, ich unterbreche die Sitzung zwecks Erholung der Vorakten." Diese waren rasch herbeigeschafft und bezeugten klipp und klar: Innerhalb des letzten Jahres war die Angeklagte wegen Diebstahls bestraft, und zwar zu drei Monaten Gefängnis mit Bewährung. Daher konnte sie nun nach dem eindeutigen Gesetzeswortlaut in unserem Fall keine Bewährungsfrist mehr bekommen. Ihre Pechsträhne verlängerte sich.

„Ich erteile dem Herrn Staatsanwalt und dem Herrn Verteidiger noch einmal das Wort." Das konnte aber nichts mehr ändern. Das Urteil mußte im günstigsten Fall lauten – und so lautete es dann auch –: drei Monate ohne Bewährungsfrist. In die Urteilsgründe schrieb der Richter noch eigens den Satz, daß „angesichts der besonderen Fallgestaltung“ von seiten des Gerichts ein Gnadengesuch befürwortet würde.

Auch mit diesem Gnadengesuch blieb das Pech unserer Josepha treu. Eine Freiheitsstrafe von „nur“ drei Monaten muß – so erklärte man mir im Ministerium – nach der jetzigen Gnadenpraxis ungekürzt abgesessen werden. So mußte also unsere Pechmarie drei volle Monate in der Justizvollzugsanstalt Aichach verbringen. Ihr Mann hat sie einige Male besuchen dürfen. Das Eheglück wurde letzten Endes nicht getrübt. Die beiden leben heute noch glücklich miteinander und haben inzwischen drei gesunde Kinder.

Mit ihrem Posten als Buchhaltungssekretärin freilich war es aus. Die Firma, die ja nichts erfahren durfte, war mit einem „unbezahlten Urlaub für drei Monate“ nicht einverstanden. Daher blieb Frau Traumfaller nichts anderes übrig, als zu kündigen.

Um nun in dieser verfahrenen Situation doch noch etwas letztlich Erfreuliches zu erreichen, ging ich zu dem mir bekannten Personalchef einer Münchner Versicherung. Ich erklärte ihm die Geschichte, und der Personalchef war bereit, die Frau in seinem Unternehmen anzustellen: „Warum auch nicht? Tüchtige Leute können wir immer brauchen. Und Madonnen haben wir ja keine herumstehen.“

Gebirgswasser im Gerichtssaal

Diesmal war es im Sitzungssaal des Oberlandesgerichts München wie bei einem Hochamt in der Kirche: In der ersten Reihe saßen: der Bauer Stangasser und seine Frau aus Berchtesgaden, im festlichen Trachtengewand, daneben die älteste Tochter, ebenfalls in der Tracht, daneben ihr grauhaariger Anwalt aus Traunstein; auf der linken Seite saß die Familie Brunnwirt, die Frau, der Mann und der älteste Sohn, auch im Sonntagsstaat, daneben saß ich, und noch nie hat sich meine Anwaltsrobe so feierlich ausgenommen wie an diesem Nachmittag bei dieser denkwürdigen Berufungsverhandlung.

Uns gegenüber saßen die drei Richter. Vorsitzender war der damals wohlbekannte „Nasen-Braun", so genannt zum Unterschied von anderen Richtern mit dem Namen Braun, weil seine schmale Nase nicht im Gesicht, sondern gleichsam vor dem Gesicht stak. Neben diesem Aufwand an Roben und Trachten fiel die Protokollführerin gar nicht mehr sonderlich auf.

Streitobjekt war die Wasserquelle, die auf halber Bergeshöhe an der Grenze der Anwesen der streitenden Parteien entsprang. Diese Quelle war schon im vorigen Jahrhundert gefaßt worden, und das Wasser floß in einem dicken Rohr einige Meter unterhalb des Quellursprungs in einen Betonkasten, und von da weg führten zwei Wasserrohre, eines zum Stangasser-Anwesen und das andere zum Brunnwirt. Daß jede Familie ihre Leitung vom Betonkasten zu ihrem Haus selber in Ordnung halten mußte, war klar, aber wer mußte für den Unterhalt der gemeinsamen Leitung von der Quelle zum Betonkasten und für die immer wieder einmal anfallenden Reparaturen des Wasserkastens sorgen? In alten Urkunden war nur davon die Rede, daß der Brunnwirt dem Stangasser die Benutzung der Quelle gestattet, gegen einen Wasserzins von drei Gulden, jeweils fällig an Michaeli. Das entsprach nach den verschiedenen Währungsänderungen und Inflationen einem Jahresbetrag von zehn Mark, so hatte man sich jedenfalls mündlich geeinigt, und die ganzen Jahre her haben die Stangassers die zehn Mark auch gezahlt, als Anerkennung dafür, daß sie von dem Betonkasten ihr Wasser abzapfen durften.

Nun war eine größere Reparatur notwendig geworden, und der Brunnwirt wollte die Hälfte der Kosten dafür vom Stangasser, und als dieser nicht zahlen wollte, drehte der Brunnwirt kurzerhand nicht nur den Wasserhahn zu, sondern zwickte auch noch das Rohr ab und verschweißte die Öffnung, so daß kein Tropfen mehr zu den Stangassers hinunterfloß.

Dagegen konnten die also Trockengelegten rasch eine Einstweilige Verfügung beim Landgericht Traunstein erwirken, wonach der Brunnwirt „bis zur rechtskräftigen Entscheidung eines Hauptsacheprozesses" den Wasserfluß für seinen Nachbarn wieder öffnen mußte. Den Brunnwirt wurmte das ganz gewaltig, denn er mußte jetzt die von ihm so rigoros unterbrochene Wasserleitung wieder flicken und in Betrieb setzen. Auch das tat er erst, als ich ihm nachhaltig dazu riet, weil das Gericht ja, wie im Gesetz schon klugerweise vorgesehen, seine Verfügung mit der Drohung verbunden hatte, daß „im Weigerungsfalle eine Geldstrafe bis zu 100000 DM oder Haft bis zu sechs Monaten" angeordnet würde. Ich versuchte den Brunnwirt damit zu trösten, daß das ja alles nur für eine Übergangszeit gelte, endgültig würde dann das Oberlandesgericht in der Landeshauptstadt München im Hauptsacheprozeß entscheiden.

Dieser Hauptsache-Prozeßtermin war nun der, zu dem wir uns alle so andächtig im Neuen Justizgebäude in München, dem häßlichen Kontrastbau neben dem Justizpalast, versammelt hatten. Es ging dabei – und das ist bei solchen Prozessen immer schlecht – nicht mal so sehr um den Prozeßgegenstand selbst. Diese Wasserleitungsgeschichte war ja keine Affäre, zumal der Sachverständige festgestellt hatte, daß die Quelle fünfzehnmal so viel Wasser lieferte, als Mensch und Vieh beider Anwesen bei verschwenderischstem Umgang mit dem anderswo so teueren Naß verbrauchen konnten, und niemand konnte sich daran erinnern, daß jemals, auch in den kältesten Zeiten, der Wasserfluß unterblieben wäre. Es ging um viel mehr, es ging ums „Prinzip", um die „Ehre", um die Reputation im Dorf ging es. Einen Prozeß gewinnen oder einen Prozeß verlieren, das gilt bei den eigensinnigen Leuten des Berchtesgadener Zipfels viel.

Nasen-Braun hatte sich vorher schon mit den Anwälten in Verbindung gesetzt und gemeint, hier wäre doch das Vernünftigste ein Vergleich. Etwa dahin, daß der Unterhalt der Leitung von der Quelle bis zum gemeinsamen Abzweigkasten und dessen Instandhaltung von beiden Familien getragen würde, auch wenn der Kasten selbst zugegebenermaßen auf dem Grundstück des Brunnwirts stünde; und zwar sollte der Verteilungsschlüssel 50:50 sein, auch wenn der eine vielleicht mehr Wasser verbrauche als der andere. Den Streit darüber, was jener Vertrag aus dem vorigen Jahrhundert genau bedeute, könne man dann begraben. Insbesondere brauche man sich nicht mehr langatmig darüber zu verbreiten, was ein „Brunnen" sei, und ob das, was im bayerischen Wörterbuch von Andreas Schmeller über Brunnen (=Quelle, Trinkwasser) stehe, heute noch so verstanden werden könne wie damals.

Mir leuchtete ein solcher Vergleichsvorschlag durchaus ein. Ein Anwalt ist froh, wenn er einen solchen Prozeß auf diese Weise rasch erledigen kann. Außerdem bekommt er ja auch noch eine eigene Vergleichsgebühr.

Nun kannte ich aber die Brunnwirtleute und kannte auch das Berchtesgadener „Klima". Daher sagte ich, am besten sei es, die Parteien durch das Gericht selbst unmittelbar zu befragen, denn bei der Hartnäckigkeit und Verbissenheit, mit der dieser Prozeß geführt werde, sei es mit einem Vergleich nicht so einfach. „Da können wir schon nachhelfen“, meinte Nasen-Braun, „da lade ich die Parteien also selbst allesamt vor den Senat und beraume einen Termin zur Güteverhandlung und zum Vergleichsabschluß an.“

Nun war er also da, dieser Vergleichstermin. Der Vorsitzende begrüßte alle recht feierlich, er bedankte sich sogar dafür, daß sie so vollzählig erschienen seien. „Das gibt ein gutes Klima für einen Vergleich. Streiten hat ja hier sowieso keinen Sinn und kostet nur Geld.“ Die Berchtesgadener hörten sich das mit unbewegten Mienen an, wie in der Kirche bei der Predigt, und wenn ihre Mienen überhaupt etwas verrieten, dann nur den Wunsch, daß der Prediger bald zu seinem Amen fände.

Nasen-Braun erläuterte umständlich den bisherigen Gang des Prozesses, in dem „vielleicht zuviel Papier verschrieben und zulange hin und her getan“ worden sei. Der Senat habe die Sache nun ausführlich beraten und halte einen Vergleich, „bei dem niemandem eine Perle aus der Krone fällt und niemand sein Gesicht verliert“, für das Beste. So redete er fast eine dreiviertel Stunde, um dann mit dem wohlvorbereiteten Text herauszurücken. Es war ein drei Schreibmaschinenseiten umfassendes Opus. Darin stand alles, was nur irgendwie drinnenstehen konnte: die Art der Nutzung der Quelle, die Eintragung einer entsprechenden Dienstbarkeit auf den beteiligten Grundstücken, die Höhe des Wasserzinses nebst Währungsklausel („falls wir in den nächsten tausend Jahren wieder eine Inflation haben sollten“), dann kam die ausdrückliche Außerkraftsetzung des alten Vertrages aus dem vorigen Jahrhundert, endlich noch die Verpflichtung beider Hofeigentümer, bei Übergabe oder Veräußerung des Grundstücks den neuen Eigentümer zu veranlassen, diesem Vertrag beizutreten, und auch die Kosten und Auslagen waren genau verteilt. „Am verläßlichsten ist der nachbarliche Friede immer dann gesichert, wenn jeder ein bißchen nachgibt. Friede nährt, Unfriede zehrt."

Nasen-Braun redete, alles in allem etwa eineinhalb Stunden. Die erste halbe Stunde muckste sich überhaupt niemand. Dann fragte mich der Brunnwirt leise, wie lange das noch dauere und ob er den Prozeß gewinne. Einmal ließ sich die Stangasserin vernehmen, indem sie an einer gerade passenden Stelle sagte: „Das war schon immer so!" Der Vorsitzende wollte die Stimmung nicht vermiesen und wies die Zwischenruferin nicht etwa zurecht, sondern sagte nur ganz milde: „Sie kommen natürlich schon noch zu Wort, liebe Frau Stangasser, jetzt bitte ich Sie aber, mir noch ein bißchen zuzuhören." Die „liebe Frau Stangasser" gefiel nun dem Brunnwirt gar nicht, und er meinte, indem er sich noch ein zweites Mal leise an mich wandte, das Gericht sei ganz offensichtlich voreingenommen, und ob wir es nicht wegen Befangenheit ablehnen könnten.

So waren alle froh, als der Vorsitzende endlich seinen Vergleichsvorschlag langsam und feierlich zu Protokoll diktierte. „So, jetzt passen Sie gut auf, meine Herren. Der Vergleich wird jetzt noch einmal von der Protokollführerin laut und deutlich vorgelesen." Es war eine angenehme Abwechslung, nun die lieblichere weibliche Stimme zu hören, und die junge Frau las mit Anmut und Grazie die drei Seiten vor, die er, Nasen-Braun, so sorgfältig diktiert hatte.

Nun mußte nach der Prozeßordnung aber jede Partei ausdrücklich gefragt werden, ob sie dem Vergleich zustimme. Zwingen konnte das Gericht ja keinen. In der Regel wird diese Frage dadurch beantwortet, daß die Anwälte gleich im Namen ihrer Partei sich äußern und kurz ein „Einverstanden" brummen. Das war mir aber hier zu gefährlich, denn die Vorwürfe, die ich hinterher von den Brunnwirtleuten bekommen hätte, waren unschwer vorauszusehen. In ihren Augen taugte ein Anwalt, der den Prozeß nicht gewinnt, sondern einen feigen Vergleich macht, gar nichts. Andererseits wollte ich es aber auch mit Nasen-Braun nicht verderben, und so bedankte ich mich artig für die Mühe des Gerichts und für die Darlegungen des Herrn Vorsitzenden und versuchte, der Beantwortung der Frage dadurch auszuweichen, daß ich die Gegenfrage stellte, von welcher Partei der Herr Vorsitzende zuerst eine Antwort erwarte. „Zuerst ist wohl der Kläger dran, das ist die Familie Brunnwirt, also bitte." Nun konnte ich mich nur noch dadurch aus der Schlinge ziehen, daß ich anregte, doch bei einer so wichtigen Sache die anwesenden Brunnwirtleute unmittelbar zu fragen und von ihnen persönlich eine Antwort zu Protokoll zu nehmen.

Da holte Nasen-Braun noch einmal Luft und zeigte sich von der allerliebenswürdigsten Seite: „Natürlich, Herr Brunnwirt, Sie sind ja die Hauptperson. Sie haben ja gehört, was ich diktiert habe und was das Fräulein Protokollführerin vorgelesen hat. Das ist doch eine vernünftige und allen gerecht werdende Lösung – nicht wahr? Der Senat hat sich viel Mühe gemacht, das alles so genau auszuarbeiten. Sie sind also damit einverstanden, ja?"

Pause. Absolute Stille im Gerichtssaal. Niemand wagte auch nur laut zu schnaufen, denn jetzt mußte das entscheidende Wort fallen, das den Berchtesgadener Jahrhundertstreit beenden konnte. Würde der Brunnwirt das erlösende Ja sagen?

Die Pause dauerte gute zwei Minuten. Auch Nasen-Braun schwieg, um nicht durch ein etwa zu drängendes Wort die vielleicht heranreifende Entscheidung im Herzen des Brunnwirts zu stören. Dann passierte aber etwas, was es eben nur bei einem Volk gibt, das wortkarg aber wortmächtig mit einem Satz eine verfahrene Situation entscheidet und klärt. Mein Brunnwirt sagte: „Können wir jetzt dagegen noch in die Berufung gehen?"

Pause.

Nasen-Braun gewann als erster die Fassung wieder. Er versuchte noch ein paarmal anzusetzen, ob er denn richtig verstanden worden sei und ob das das letzte Wort sei und so weiter. Der Brunnwirt schwieg.

Nun wandte sich Nasen-Braun mit einem geradezu flehenden Blick an die Stangassers. Dort tönte es im tiefen Baß zurück: „Wir legen natürlich auch Berufung ein!“

Nach einer immer länger und immer peinlicher werdenden Pause erlaubte ich mir zu bemerken, daß die Vergleichsverhandlungen wohl gescheitert seien. Ich sähe keine andere Möglichkeit, als den Senat um ein Urteil zu bitten und zur Verkündung dieser unausweichlich gewordenen Entscheidung einen neuen Termin anzuberaumen.

Nasen-Braun hatte begriffen, daß seine Vergleichskünste hier ganz und gar nichts fruchteten und verkündete nach kurzer Fühlungnahme mit seinen Beisitzern den Beschluß, daß in zwei Monaten Urteilsverkündung sei. Für heute sei die Sache erledigt.

Es war ein sehr langes und gründliches Urteil, in dem das Gericht bis auf den Codex Maximilianeus von 1616 zurückging, um die Wasserrechtsverhältnisse in Bayern darzulegen. Es war auch ein rechtsgeschichtlich interessantes Urteil, aber ein friedenstiftendes Urteil war es nicht. Heute noch erinnert man sich in Berchtesgaden daran, daß der Brunnwirt den Prozeß gewonnen und der Stangasser ihn verspielt hat. Daß die Weltgeschichte inzwischen bedeutend größere Themen abgehandelt hat, ändert daran nichts.

Otto GRITSCHNEDER (geb. 1914), Promotion und juristische Examina in seiner Geburtsstadt München. Seit 1945 Rechtsanwalt, vorher Berufsverbot und fünfeinhalb Jahre Zwangsrekrutierung in Hitlers „Wehr"-macht. 1948 bis 1952 (parteiloser) Stadtrat in München.

Autor zeitgeschichtlicher und justizkritischer Bücher und vieler Rundfunkkommentare und Beiträge in Zeitungen und Zeitschriften.